近代政治史系列

陕甘宁边区政府史话

A Brief History of
the Shanxi-Gansu-Ningxia Border-Area
Government in China

刘东社　刘全娥／著

社会科学文献出版社
SOCIAL SCIENCES ACADEMIC PRESS (CHINA)

图书在版编目（CIP）数据

陕甘宁边区政府史话/刘东社，刘全娥著. —北京：
社会科学文献出版社，2011.12
　（中国史话）
　ISBN 978 - 7 - 5097 - 2660 - 0

Ⅰ.①陕… Ⅱ.①刘… ②刘… Ⅲ.①陕甘宁抗日
根据地 - 史料 Ⅳ.①K269.506

中国版本图书馆 CIP 数据核字（2011）第 174030 号

"十二五"国家重点出版规划项目

中国史话·近代政治史系列

陕甘宁边区政府史话

著　者／刘东社　刘全娥

出 版 人／谢寿光
出 版 者／社会科学文献出版社
地　　址／北京市西城区北三环中路甲 29 号院 3 号楼华龙大厦
邮政编码／100029

责任部门／人文科学图书事业部（010）59367215
电子信箱／renwen@ssap.cn
责任编辑／高传杰
责任校对／黄　丹
责任印制／岳　阳
总 经 销／社会科学文献出版社发行部
　　　　　（010）59367081　59367089
读者服务／读者服务中心（010）59367028

印　装／北京画中画印刷有限公司
开　本／889mm×1194mm　1/32　印张／5.625
版　次／2011 年 12 月第 1 版　字数／111 千字
印　次／2011 年 12 月第 1 次印刷
书　号／ISBN 978 - 7 - 5097 - 2660 - 0
定　价／15.00 元

总　序

　　中国是一个有着悠久文化历史的古老国度，从传说中的三皇五帝到中华人民共和国的建立，生活在这片土地上的人们从来都没有停止过探寻、创造的脚步。长沙马王堆出土的轻若烟雾、薄如蝉翼的素纱衣向世人昭示着古人在丝绸纺织、制作方面所达到的高度；敦煌莫高窟近五百个洞窟中的两千多尊彩塑雕像和大量的彩绘壁画又向世人显示了古人在雕塑和绘画方面所取得的成绩；还有青铜器、唐三彩、园林建筑、宫殿建筑，以及书法、诗歌、茶道、中医等物质与非物质文化遗产，它们无不向世人展示了中华五千年文化的灿烂与辉煌，展示了中国这一古老国度的魅力与绚烂。这是一份宝贵的遗产，值得我们每一位炎黄子孙珍视。

　　历史不会永远眷顾任何一个民族或一个国家，当世界进入近代之时，曾经一千多年雄踞世界发展高峰的古老中国，从巅峰跌落。1840 年鸦片战争的炮声打破了清帝国"天朝上国"的迷梦，从此中国沦为被列强宰割的羔羊。一个个不平等条约的签订，不仅使中国大量的白银外流，更使中国的领土一步步被列强侵占，国库亏空，民不聊生。东方古国曾经拥有的辉煌，也随着西方列强坚船利炮的轰击而烟消云散，中国一步步堕入了半殖民地的深渊。不甘屈服的中国人民也由此开始了救国救民、富国图强的抗争之路。从洋务运动到维新变法，从太平天国到辛亥革命，从五四运动到中国共产党领导的新民主主义革命，中国人民屡败屡战，终于认识到了"只有社会主义才能救中国，只有社会主义才能发展中国"这一道理。中国共产党领导中国人民推倒三座大山，建立了新中国，从此饱受屈辱与蹂躏的中国人民站起来了。古老的中国焕发出新的生机与活力，摆脱了任人宰割与欺侮的历史，屹立于世界民族之林。每一位中华儿女应当了解中华民族数千年的文明史，也应当牢记鸦片战争以来一百多年民族屈辱的历史。

当我们步入全球化大潮的 21 世纪，信息技术革命迅猛发展，地区之间的交流壁垒被互联网之类的新兴交流工具所打破，世界的多元性展示在世人面前。世界上任何一个区域都不可避免地存在着两种以上文化的交汇与碰撞，但不可否认的是，近些年来，随着市场经济的大潮，西方文化扑面而来，有些人唯西方为时尚，把民族的传统丢在一边。大批年轻人甚至比西方人还热衷于圣诞节、情人节与洋快餐，对我国各民族的重大节日以及中国历史的基本知识却茫然无知，这是中华民族实现复兴大业中的重大忧患。

中国之所以为中国，中华民族之所以历数千年而不分离，根基就在于五千年来一脉相传的中华文明。如果丢弃了千百年来一脉相承的文化，任凭外来文化随意浸染，很难设想13亿中国人到哪里去寻找民族向心力和凝聚力。在推进社会主义现代化、实现民族复兴的伟大事业中，大力弘扬优秀的中华民族文化和民族精神，弘扬中华文化的爱国主义传统和民族自尊意识，在建设中国特色社会主义的进程中，构建具有中国特色的文化价值体系，光大中华民族的优秀传统文化是一件任重而道远的事业。

当前，我国进入了经济体制深刻变革、社会结构深刻变动、利益格局深刻调整、思想观念深刻变化的新的历史时期。面对新的历史任务和来自各方的新挑战，全党和全国人民都需要学习和把握社会主义核心价值体系，进一步形成全社会共同的理想信念和道德规范，打牢全党全国各族人民团结奋斗的思想道德基础，形成全民族奋发向上的精神力量，这是我们建设社会主义和谐社会的思想保证。中国社会科学院作为国家社会科学研究的机构，有责任为此作出贡献。我们在编写出版《中华文明史话》与《百年中国史话》的基础上，组织院内外各研究领域的专家，融合近年来的最新研究，编辑出版大型历史知识系列丛书——《中国史话》，其目的就在于为广大人民群众尤其是青少年提供一套较为完整、准确地介绍中国历史和传统文化的普及类系列丛书，从而使生活在信息时代的人们尤其是青少年能够了解自己祖先的历史，在东西南北文化的交流中由知己到知彼，善于取人之长补己之短，在中国与世界各国愈来愈深的文化交融中，保持自己的本色与特色，将中华民族自强不息、厚德载物的精神永远发扬下去。

《中国史话》系列丛书首批计 200 种，每种 10 万字左右，主要从政治、经济、文化、军事、哲学、艺术、科技、饮食、服饰、交通、建筑等各个方面介绍了从古至今数千年来中华文明发展和变迁的历史。这些历史不仅展现了中华五千年文化的辉煌，展现了先民的智慧与创造精神，而且展现了中国人民的不屈与抗争精神。我们衷心地希望这套普及历史知识的丛书对广大人民群众进一步了解中华民族的优秀文化传统，增强民族自尊心和自豪感发挥应有的作用，鼓舞广大人民群众特别是新一代的劳动者和建设者在建设中国特色社会主义的道路上不断阔步前进，为我们祖国美好的未来贡献更大的力量。

陈奎元

2011 年 4 月

⊙刘东社

作者小传

    刘东社，1964 年生，陕西兴平人。1985 年毕业于西北大学历史系，现执教于陕西教育学院，兼任西北大学西安事变研究中心理事。主要从事中国近现代史、中华民国史的教学与研究工作，已发表论文五十余篇。编有《西安事变资料丛编》（第 1 辑），主编《陕西简史》，参编、参著《合作经济功臣刘建章》、《中国谋略家全书》、《二十世纪中国史》（上下卷）、《民国史纪事本末》（第 4 卷）；著有《周易占测入门》、《陕甘宁边区政府史话》（合著）、《清末民初政治研究》（合著）等多部书籍。

⊙刘全娥

作者小传

　　刘全娥，女，生于 1966 年，陕西周至人。西北政法大学刑事法学院副教授，硕士生导师。吉林大学理论法学研究中心在读博士。中国法律史学会副秘书长。主要研究方向为陕甘宁边区法律史。作为主要作者之一的专著《新中国司法制度的基石——陕甘宁边区高等法院（1937~1949）》入选 2010 年《国家哲学社会科学成果文库》。曾在《法律科学》、《当代法学》、《西北大学学报》等期刊上发表论文二十余篇。

目 录

一　希望之光

 革命落脚大西北

在本世纪 30 年代中期，如果有人能从高空鸟瞰中国大地的话，他将不难看到一幅奇异的图画：在崎岖的山间小道上，在人迹罕至的原始森林里，在飞鸟断绝的茫茫草地上，在雪山顶，在大河旁，总有一群衣衫褴褛、扛枪背包的赤足或穿着破烂草鞋的男女，不畏风霜、不避雨雪地向前艰难跋涉着。也许他看不清这群人黄瘦的脏脸，蓬乱的长发，但却一定能够看到，在他们的前后左右，一支支人数庞大、装备精良的军队，远远地虎视眈眈，随时准备猛扑上去，向这群饥寒交迫、疲惫不堪的男女发起堵击、追击和侧击。在晴朗的日子里，也总有成群的飞机在空中扫射、轰炸，机上青天白日的标记清晰得似乎伸手可摘。然而，就是这群人，却像一股不可阻遏的红色铁流，蜿蜒曲折地向前倾泻着。它，发端于中国的南方，向西到云贵高原，再北上川甘，在中国大地上画了半个大大的弧线后，最终停在了中国的西北角。这，就是举世闻名

的中国工农红军的二万五千里长征，一曲惊天地、泣鬼神的人间壮歌！

说起长征的发生，我们就不能不描绘一下此前国共两党关系演变的轨迹。在中国现代史上，国民党和共产党无疑是两股决定中国前途命运的最重要的力量。它们的政治主张、政治动向及相互关系的发展变化，自然会对中国社会发展的历史进程产生巨大而深刻的影响，中国新民主主义革命的发展进程图，也因此而变得峰谷交错，上下起伏。

1924年到1927年初，国共两党首次合作，迅速掀起了国民革命和北伐战争的高潮。这是一段令人留恋的美好岁月，虽然并不那么十分理想。随之，因国民党右派的反共和分裂行径，阴云又四处笼罩，革命便跌入了低谷。凄风苦雨的1927年，既是国共两党分道扬镳的一年，又是希望的种子萌生的一年。在白色恐怖降临之后，面对着国民党反动派的屠刀，中国共产党人群雄四起，纷纷拿起刀枪武装抗暴，从而掀起了一场土地革命的红色风暴。

在南昌起义的枪声响过之后，中共中央又在汉口召开了"八七"紧急会议，确定了开展土地革命和武装反抗国民党反动派的总方针。一年之内，中国共产党在长江南北13个省130个县的广大地区内，组织发动了100多次较大规模的武装起义，到处在打土豪、分田地，建立工农红军和农村苏维埃工农民主政权。经过3年的浴血奋战，到1930年时，中共已在全国建立了大小不等的15块革命根据地，红军数量在不断增长。

另一方面，自 1927 年 4 月 18 日南京国民政府成立后，蒋介石也忙得焦头烂额：他忙着招降纳叛，忙着纵横捭阖，忙着东征西讨……最终，以中原大战为尾声，他在形式上制服并统一了各派军阀势力。当青天白日旗在中国每一座城市上空哗啦作响的时候，他感到了满足，感到了欣慰。踌躇满志的他，却为"赤匪"势力的崛起而大惊失色，寝食难安。于是，从 1930 年底到次年 7 月，他对红军及根据地连续发动了三次大"围剿"。令他难堪的是，数十倍于"赤匪"的堂堂中央精锐之师，却次次以失败而告终。在战争的大海里学习游泳的中国共产党人，不但迅猛发展了自己的势力，而且积累了一系列克敌制胜的军事斗争经验，诸如积极防御的战略方针，以游击战和运动战为主的作战形式，"诱敌深入"、"集中优势兵力，各个击破"的战术原则等等。更为重要的是，在以毛泽东为首的共产党人的探索下，以工农武装割据为特色的"农村包围城市"的中国革命道路也已逐渐形成，在这条曲折艰辛之路的尽头，将会矗立起一个光明灿烂的新中国。

然而，革命的征途不会一帆风顺。1931 年九一八事变的发生，使中日民族矛盾逐渐上升为中国社会的主要矛盾。可是，已经夺取了中共中央领导权的王明宗派集团，却执行了一条错误的路线，制定了一系列违背客观实际的政策。1931 年 11 月，中共在江西瑞金召开了第一次全国苏维埃代表大会，成立了与南京政府分庭抗礼的中华苏维埃共和国临时中央政府，已被王明集团实际剥夺了对苏区党和红军领导权的毛泽东当选为政府主席，朱德当选为中央革命军事委员会主席和红军总司令。这一全国性红色政权的建立，客观上有利于统一领导各个分散的革命根据地，也有利于各根据地与各支红军间的联合、团结与发展。但以王明为代表的新的"左"倾冒险主义思潮，却已在各根据地蔓延、滋长。

从 1932 年 6 月开始，蒋介石又发动了对各根据地的第四次大"围剿"。由于种种因素的影响，鄂豫皖、湘鄂西苏区先后丧失。中央苏区依赖周恩来、朱德等人的正确指挥，则击溃了敌军的进攻，并把苏区扩大到湘赣闽粤 4 省，红一方面军也发展到 10 万人左右，赤卫队员更多达 20 余万人。紧接着，蒋介石又在 1933 年的 10 月，对中央苏区发动了第五次大"围剿"。百万大军和 200 架战机的绝对优势兵力，使蒋介石利令智昏，再加上所谓"步步为营，节节进剿"的堡垒政策，"三分军事，七分政治"的"围剿"方略，使他狂妄地宣称，此举必可彻底"肃清匪患"。

与此相反，中央苏区的 10 万红军的装备完全以轻兵器为主，没有飞机、坦克，就连大炮也十分缺乏，弹药更显不足。更重要的是，在"左"倾冒险主义者的指挥下，红军被迫放弃了行之有效的运动战战术，转而机械地搬用欧式的正规战、阵地战模式，搞什么"以堡垒对堡垒"、"短促突击"和"御敌于国门之外"，以劣势的兵力与敌军拼消耗。苦战一年的结果，苏区的防线全被突破，红军深陷重围之中，被迫实行战略转移。1934 年 10 月，中央机关和红一方面军约8.6 万人，从福建的长汀、宁化和江西的瑞金、雩都（yú dū，今于都）踏上了西征之路，预拟前往湘西，与红二、六军团（后合组为红二方面军）会合。

在暮色苍茫中，中央红军健儿洒泪与苏区父老乡亲告别。此时，中央苏区主要领导人博古和共产国际派来的德籍顾问李德（原名奥托·布劳恩）却把战略转移搞成了大搬家。庞大而臃肿的西征大军步履迟缓，一再遭到敌军的堵截，损失十分惨重。不得已，原订计划只好放弃，红军转向敌军力量薄弱的贵州进军。

1935 年 1 月，红军攻占了遵义。在这里，中共中央召开了具有重大转折意义的政治局扩大会议，结束了"左"倾冒险主义在中央的统治，确立了毛泽东在党中央和红军中的领导地位。此后，在毛泽东军事路线的指引下，中央红军四渡赤水，南渡乌江，兵临贵阳，威震昆明。5 月上旬，红军又巧渡金沙江，跳出了数十万敌军围追堵截的圈子，掌握了战略上的主动权。接着，红军穿过大凉山彝族地区，强渡大渡河，飞夺泸定桥，翻越终年积雪的夹金山，于 6 月份到达川西懋功地区，与从川陕苏区西撤的红四方面军胜利会师。在挫败了张国焘分裂党和红军的阴谋后，中央红军高举抗日大旗，于 9 月间继续北上。

甘肃南部的哈达铺，是一个只有两三千居民的小镇。9 月 18 日这一天，红军的先遣侦察连没费多大力气就占领了它，红军战士搜缴的书籍、报纸被特意送到毛泽东住地。自长征开始后，中共中央与共产国际和外界已中断联系了近一年，作为中国工农红军陕甘支队的最高领导人，毛泽东的肩上压着沉重的担子——他必须为这支队伍确定一个最后的落脚点。接到报纸后，毛泽东的目光近乎贪婪地在字里行间搜寻着。突然，《山西日报》上的一则短讯让他的眼睛发亮了；再读一遍，他禁不住笑了起来。原来，这则国军在陕北"剿匪"的消息，恰恰为他提供了最需要的情报：陕北有一支共产党的队伍和一块苏维埃根据地，陕北农民领袖刘志丹依然活着。自从离开中央苏区后，红军先是西征，再是北上，除了一个十分模糊的大致方向外，就一直没有也无法确定最后的目的地。现在，毛泽东心中有数了。当天，在关帝庙召开了团以上干部会议，毛泽东宣布：我们要到陕北去，那里有刘志丹的红军。

经过几天休整后，红军继续北上，于9月27日占领了榜罗镇和通渭城。在榜罗镇，中共中央召开了政治局常委会议，正式决定陕甘支队前去陕北，与当地红军会合，保卫和扩大陕北革命根据地，以此为基地来领导全国革命。

西北革命根据地是土地革命战争中惟一保存下来的红色区域，它包括陕甘边和陕北两块革命根据地，它们构成了后来陕甘宁边区的基础和核心。早在1927年7月，中共陕西省委即告成立。后来，西北地区的共产党人曾先后领导发动了清涧起义、渭华起义、旬邑起义和多次不同规模的农民暴动。在这些起义、暴动失败后，刘志丹、谢子长等人继续发动武装斗争，在1931年的下半年，成立了南梁游击队。不久，晋西游击队遭敌军"围剿"，便西渡黄河进入陕北。这两支队伍互相呼应，展开了广泛的游击战争，力量迅速发展，并于1932年2月合编为中国工农红军陕甘游击队（后改编为红二十六军）。次年3月，他们又创立了照金根据地，建立了陕甘边革命委员会这一临时性政权机关。10月，陕西国民党军队围攻照金，根据地很快失守。在王泰吉、刘志丹领导下，经过7个月的艰苦奋战，在陕北南部又诞生了一块面积达3万平方公里、人口近80万的南梁根据地，并于1934年11月成立了陕甘边苏维埃政府委员会。

陕北游击队离开照金地区后，陕北特委又发动农民，重组游击队，在1934年7月成立了中国工农红军陕北游击队总指挥部，谢子长任总指挥。不久，陕北游击队改编为红二十七军。到1935年1月，陕北已建立了16个县的革命政权，以此为基础成立了陕北苏维埃政府。

1935年2月5日，中共陕甘边特委与陕北特委在赤原县周家崄（今属子洲县）召开联席会议，决定成立中共中央西北工作委员会（简称西北工委）和中国工农红军西北革命军事委员会（简称西北军委），统一领导陕北、陕甘边两块根据地和两支红军。同年4～7月，在刘志丹的领导下，西北红军粉碎了国民党军队的第二次"围剿"。9月，从鄂豫皖根据地突围的红二十五军，辗转到达陕北。经西北工委与中共鄂豫陕省委联席会议决定，将红二十五军与红二十六军、二十七军合编为红十五军团，以徐海东为总指挥（军团长），刘志丹为副总指挥（副军团长）兼参谋长。

正当西北革命形势蒸蒸日上之际，"左"倾肃反的阴风也刮到了这块偏远的根据地内。刘志丹遭到了调查审问，被迫交出了实际指挥权，随后即被逮捕。陕北一大批军政领导人被莫名其妙地投进了监狱，许多人被枪毙、活埋，含冤而死。这时，敌军乘机大举进攻，地方反动势力也蠢蠢欲动，西北根据地处于危急之中。

陕甘支队离开榜罗镇后，急速向陕北挺进。蒋介石为阻止红军北上，急调20万大军，在西兰公路和六盘山地区匆匆布置了两道封锁线。然而，这一切都无济于事。10月19日，中央红军胜利抵达陕北吴起镇（今吴旗县），受到了苏区军民的热情欢迎和接待。毛泽东等中央领导人了解了陕北肃反的情况后，立即作出三项重要决定：第一，消灭尾随敌军，作为进陕北苏区的见面礼；第二，纠正错误的肃反举动，营救刘志丹等人；第三，与红十五军团主力协同作战，粉碎敌人对陕北苏区的第三次"围剿"。

10月21日，中央红军在吴起镇西部山地设下埋伏，一举歼灭尾追之敌的一个骑兵团，击溃两个骑兵团。随即，红军又连续拔掉了两个危害苏区的土匪寨子，安定了苏区边境。11月初，中央红军到达甘泉象鼻子湾，与西北红军胜利会师。在这里，毛泽东对红军的万里长征作了总结，指出长征是宣言书，是宣传队，是播种机，其英雄业绩为开天辟地以来所未有，也必将载入史册永垂百世。同时，毛泽东又派王首道、贾拓夫等携带电台，代表中共中央前去瓦窑堡，要求停止肃反活动，停止捕人，停止杀人，立即释放刘志丹等被捕干部。

中央红军与西北红军会师后，迅速发动了著名的直罗镇战役。从 11 月 20 日下午到 24 日上午，在毛泽东亲自指挥下，两支红军密切协作，奋勇作战，共歼敌一个师又一个团，俘敌 5300 余人，缴获迫击炮 8 门，轻机枪 179 挺，长短枪 3500 余支，子弹 22 万多发，彻底粉碎了敌人的第三次"围剿"。用毛泽东的话来说，这一仗，"给党中央把全国革命大本营放在西北的任务，举行了一个奠基礼"。

一年之后的 10 月 22 日，红二、四方面军经过长征，胜利到达甘肃的静宁、会宁地区，与前来接应的红一方面军完成了三军大会师。举世无双的中国工农红军的数万里长征宣告胜利结束，中国革命又以陕北为出发地，出现了一个令人振奋的新局面。

黄土地上的边区政府

自九一八事变爆发后，日寇的蚕食鲸吞一步步加剧，广袤丰腴的东三省自然满足不了这只贪婪成性的侵略恶魔的胃口。1935 年的"华北事变"，使冀、察两省的主权大部丧失，鲁、晋、绥等省亦岌岌可危。泱泱大国的版图在不断变颜失色，日寇独吞中国的狼子野心已昭然若揭，中华民族面临着亡国灭种的空前危机。

在国势阽危中，国民党及其政府的妥协外交政策遭到了彻底失败，"攘外必先安内"的迷梦也被侵略者的铁蹄踏得粉碎。国难当头，国民党被迫开始调整自己的内外政策，对日问题逐渐被提上了议事日程。在国民党第五次全国代表大会上，一改此前历次会议的"剿共"中心议题，而把"御侮救亡"提到了显著位置。随后，对日外交亦由昔日的妥协退让而渐趋强硬。1936年7月13日，蒋介石在国民党五届二中全会上作《御侮之限度》的外交报告，重申："中央对外交所抱的最低限度，就是保持领土主权的完整。当我们的领土主权受到损害的时候，就是我们不能容忍的时候，就是我们最后牺牲的时候。"对于中共及红军，其政策也由军事"围剿"逐渐转向寻求以"政治方式"来解决。

与此同时，中国共产党也加快了调整政策的步伐，以期早日实现国内和平，一展抗日救国的宏愿。1935年12月，中共中央在陕北瓦窑堡召开政治局会议，重申了《八一宣言》中关于成立国防政府和抗日联军的建议，确立了党的抗日民族统一战线的新政策。随后，中共成功地使红军与东北军张学良部和西北军杨虎城部在西北地区实现了大联合。蒋介石在"招抚"、"收编"红军的企图失败后，仍幻想以军事手段剿灭红军。1936年12月4日，他亲临西安督阵，威逼张、杨二将军进攻红军，从而逼出了震惊中外的"西安事变"。

"西安捉蒋翻危局，内战吟成抗日诗"。西安事变及其和平解决，对国共实现再次合作起了巨大作用。1937年2月中下旬，国民党召开五届三中全会，"国共关系及对日问题"成了这次大会的主题。会前，中共于2月10日致电大会，提出了实现两党合作抗日的五项要求和四项保证。该电指出，国民党如能将如下五项要求定为国策，即停止一切内战，集中国力，一致对外；保障言论、集会、结社自由，释放一切政治犯；召集各党各派各军的代表会议，集中全国人才，共同救国；迅速完成对日作战之一切准备工作；改善人民生活；则中共将保证：在全国范围内停止推翻国民政府之武装暴动方针；工农政府改名为中华民国特区政府，红军改名为国民革命军，直接受南京中央政府与军事委员会之指导；在特区政府区域内，实施普选的彻底的民主制度；停止没收地主土地之政策，坚决执行抗日民族统一战线之共同纲领。

尽管国民党五届三中全会于2月21日通过了《关于根绝赤祸之决议案》，但其策略却由"武力剿共"变为"和平统一"。对日关系方面则表示，"如果让步超出了限度，则只有出于抗战之一途"，首次提出了准备"抗战"。2月至9月间，中共代表与国民党代表先后在西安、杭州、庐山、南京等地多次谈判，磋商有关两党合作的具体问题。

与此同时，中共也在苏区内部开始实施由工农民主制向抗日民主制的转变。早在1935年11月2日，党中央就决定成立了中华苏维埃共和国临时中央政府西北办事处，作为陕甘宁苏区的最高政权机关。不久又将陕甘边和陕北两特委改为陕甘和陕北省委，把关中和神府两苏区改为特区，1936 年 6 月则正式设立了陕甘宁省。1937 年 4 月，西北办事处开会，讨论将苏维埃工农民主政府改为特区政府的问题，为此成立了 4 个专门委员会，研究政治、经济、文化和教育等方面具体转变的问题。5 月 12 日，西北办事处会议通过了《陕甘宁边区议会及行政组织纲要》和《陕甘宁边区选举条例》，开始使用"陕甘宁边区"这一名称。5 月上中旬，党中央在延安又召开了苏区代表会议，毛泽东作了《中国共产党在抗日时期的任务》的报告和《为争取千百万群众进入抗日民族统一战线而斗争》的结论，规定了党在当前的总任务是"为抗日民族统一战线和民主共和国而斗争"，确立了党在国内和平已实现的新阶段的具体任务为：巩固和平，争取民主，实现抗战。他还特别强调，"争取政治上的民主自由，则为保证抗战胜利的中心一环"。

1937 年 7 月 7 日，卢沟桥事变爆发，平津迅速沦陷。8 月 13 日，日寇又在上海兴兵。处于民族的生死存亡之秋，国共合作的步伐也大幅度加快。7 月 15 日，中共代表将《中国共产党为公布国共合作宣言》递交国民党中央，提出了合作抗日的三项纲领和四项保证。8 月 22 日，根据国民政府军事委员会发布的命令，红军改编为国民革命军第八路军，朱德、彭德怀担任正副总指挥（9 月 11 日改称第十八集团军，正副总指挥改称正、副总司令），下辖第一一五师、第一二〇师和第一二九师，全军约 4.5 万人，立即开赴华北抗日前线。9 月 22 日，国民党中央通讯社发布了中共代表 7 月 15 日递交的《中国共产党为公布国共合作宣言》。次日，蒋介石在庐山发表谈话，承认了中共的合法地位。至此，抗日民族统一战线正式形成。如毛泽东所说，"这在中国革命史上开辟了一个新纪元。这将给予中国革命以广大的深刻的影响，将对于打倒日本帝国主义发生决定的作用"。

1937 年 9 月 6 日，中华苏维埃共和国临时中央政府驻西北办事处正式改名为陕甘宁特区政府（9 月 20 日改称边区政府），直属国民政府行政院。10 月 12 日，国民政府行政院第 333 次会议通过决议（未正式公布），承认边区政府，并任命行政长官。11 月 10 日，边区政府发布通令，宣布本政府"嗣后统称陕甘宁特区政府，不再称陕甘宁边区政府"；但在次年 1 月，又恢复了陕甘宁边区政府的名称。边区政府成立后，其组织机构多承袭原西北办事处旧制。最初设执行委员会，为最高领导机关，日常政务由执行委员会产生的主席团负责。主席团下设有秘书处、民政厅、财政厅、教育厅、建设厅、保安司令部、保安处、高等法院等部门，后来根据需要有所增删，名称不尽相同。

陕甘宁边区的总面积原为 12.9608 万平方公里，人口约有 200 万。1937 年 7 月至 12 月，经蒋介石承认和南京行政院例会正式通过的边区管辖范围，南起淳化、耀县，北连荒漠，西到甘肃东部，东临黄河，行政区与八路军募补区共计有 26 个县。但在八路军开赴前线后，国民党政府背信弃义，调集大军，先后占去淳化、旬邑、正宁、宁县、镇原、豫旺 6 座县城和大片乡村，面积达 3.064 万平方公里，占边区总面积的 24%；人口约 50 万，为边区总人口的 1/4。此后，边区的行政区划屡有变动。1941 年 11 月，边区辖地重新划分为 29 个县、市（计 266 个区，1549 个乡）。

直属县市：延安市、延安县、富县、甘泉、固临（又叫固林，初名红宜，由宜川 4 个区和甘泉 1 个区新建）、延川、安塞、安定、延长、志丹、靖边、神府（神木 5 个区、府谷 1 个区组成）。

三边分区：盐池、定边。

绥德分区：绥德、米脂、佳县、吴堡、清涧。

关中分区：新正（正宁 1 个区与旬邑 4 个区组成）、新宁（宁县与正宁县的一部分）、赤水（淳化与旬邑的一部分）、淳耀（淳化 3 个区，耀县 2 个区）、同宜耀（同官、宜君、耀县各一部分组成，又称关中东行政区）。

陇东分区：庆阳、合水、镇原（原甘肃镇原一部分）、曲子（庆阳马岭区、固原三岔区、环县 5 个区组成）、环县、华池（庆阳大部、定边与靖边各一部）。

1942～1947 年间，边区行政区划变动较小，1948 年后，边区辖地不断增大，变动较为频繁。边区地处寒温带，气候干燥，雨水较少；地貌复杂，丘陵起伏，沟峁交错，山小而多，森林面积约 4 万平方公里。生产以农牧业为主，主要农作物为小麦、谷子、糜子、棉花等。边区的平均人口密度为 15.2 人/平方公里，低于全国和陕西（全国为 39.54 人/平方公里，陕西为 60.5 人/平方公里），且各分区人口分布极不均衡，每平方公里平均人口绥德分区最高，为 47.4 人，关中分区为 16.5 人，延属分区为 16 人，陇东分区 10.3 人，三边分区仅 5.4 人。占边区人口一半的东北部地区，人多地少（人均 6 亩），占 40% 人口的地区则人少地多（人均 12 亩），占 10% 人口的地区则地接沙漠，地多而贫瘠，雨水少，灾害多，收成微薄。据 1941 年 10 月的统计，边区已耕土地为 1238 万余亩，估计可耕地在 4000 万亩左右，显然有大批荒地存在。边区地下矿藏丰富，有铁、煤、石油、盐、碱等，但开发利用甚少。从总体而言，这里地瘠民贫，交通、文化落后。

诞生在黄土地上的边区政府，其政权机构由三大部分组成。第一，民意机关（人民代表机关），即边区、县、乡三级参议会，各级议员均由选举产生，他们来自抗日的各阶级阶层，不受党派、民族、性别的限制。其中，边区参议会是边区的最高权力机关，行使立法权，有通过施政纲领、确定大政方针，选举、罢免政府人员，创制及复决边区单行法规，监督政府工作等权力。第二，政府机关。设边区、县、乡三级政府委员会，为具体执行机构，行使行政权。第三，司法机关。边区设高等法院，分区设高等法院分庭，县有司法处（县法院）。司法机关一般受政府领导，行使其司法权。抗战时期的边区政府，具有双重的性质，一方面它是国民政府管辖的地方政权组织，相当于省一级建制，在名义上政府成员选举产生后须报呈国民政府委任。但在另一方面，它又是中国共产党领导的新民主主义性质的政权，在边区内实行不同于国民党独裁专制制度的抗日民主制度。这种在抗日民族统一战线基础上形成的两种制度、两个政权并存的形式，既是特定历史环境下的产物，又具有鲜明的"一国两制"的特点。

陕甘宁边区政府自1937年9月成立，至1950年1月19日中央人民政府发布命令成立西北军政委员会止，前后共历时12年4个月。其间，通过选举和增补共产生过4届政府（见表1），虽然都属于新民主主义性质，但随着时代与环境的变化，由于肩负的具体任务不同，阶级关系亦有变动，故又有一定的差异，呈现为不同的发展阶段。

表1　各届政府概况

届数	起始时间	主席 正	主席 副	委员人数
一	1939.2	林伯渠	高自立	15
二	1941.11	林伯渠	李鼎铭	18
三	1946.4	林伯渠	李鼎铭 刘景范	19
四	1949.2	林伯渠	刘景范 杨明轩	31

第一届政府虽为抗日民主政府，但还沿袭有较多的工农民主政府的成分，即带有工农民主政府的某些性质。这既表现在它须完成工农民主政府遗留下来的历史任务上，如保卫土地革命胜利果实、保障农工权利等，也表现在15名政府委员都是清一色的共产党

员，无其他抗日党派或阶层的代表，即共产党员独占政权这一点上。第二届政府成员中共产党员只占1/3，非党进步分子民族资产阶级和开明士绅、中间分子亦各占1/3，"三三制"的原则得到了贯彻执行。该届政府执行了调解各革命阶级利益的方针政策，它是共产党领导下的一切赞成和拥护抗日与民主的各革命阶级的联合政府，是典型的抗日民主政府。第三届政府最彻底地贯彻了"三三制"原则，它虽诞生于抗战胜利后，但仍须完成抗战时遗留下的任务，因而在本质上仍属于抗日民主性质的政府。不过，它又产生于我党争取和实现和平民主新阶段，贯彻国共两党政协决议，建立联合政府的大背景之下，就不能不反映这个方面的性质与特点，因而它又是地方自治的联合政府。第四届政府不再强调"三三制"的原则，又成立于中国人民革命即将取得最后胜利的前夕，自然属于新民主主义政权的另一种形态，即人民民主政府。陕甘宁边区政府虽然在不同的历史时期，性质上存在着上述的细微差别，但却显示出某些前后一致的鲜明特点：首先它是典型的政府；其次是"各个根据地的首席政府"，对于其他抗日根据地而言，边区政府"是处于一种领袖的地位"；再次，它是声名卓著的民主的政府；最后，它还是廉洁的政府。

正由于此，屹立在黄土高原上的边区政府，在其存在的13个春秋里，靠着共产党人的卓越领导，靠着各进步阶级、阶层的精诚团结，更靠着边区人民的勤劳和智慧，为中华民族书写了一段丰富多彩的辉煌历史。

红都延安

一座古老的山城，置身于沟壑纵横的黄土高原的腹地之中，四面群山拱卫，中间一条溪涧似的延河，自西北而东南穿过城区，向百里之外的黄河迤逦而去。这就是那闻名遐迩的革命圣地！

延安城有近三千年的悠久历史，追溯它的起源就不能不提及肤施这个古称。远在战国时，魏国就设置了肤施县，治所在今榆林东南。秦汉时，肤施为上郡治所。隋炀帝大业三年（公元 607 年）重置肤施县，治所在今延安市东北延河东。宋明以降，肤施一直为延安府或延安路的治所，直到 1937 年方改名为延安县。肤施的得名，还有一段动人的故事。在今天延安市的清凉山上，有一处尸毗岩为清凉十景之一。传说很久以前，释迦牟尼三世尸毗王在此修行，突见一只幼鸽被凶残的老鹰追杀，受伤的幼鸽一路逃来，绝望中便落在了尸毗王身边。此时，尸毗王已知自己将要涅槃，归天在即，便将自己身上肌肤割下来，一块一块去喂饿鹰，以免这类猛禽再去伤害其他鸡雏或鸟类。为纪念尸毗王这种以慈悲为怀的佛家"舍身救生"的崇高信念，人们就将这座山下的小城取名为肤施。

从史籍记载来看，"延安"这一名称的出现要晚一些。最初在西魏废帝三年（公元 554 年），改东夏州为延州，治广武（今延安东北）。隋大业三年始改延州为延安郡，唐时或称延州或称延安郡，变化不一。北宋元祐四年（公元1089年）升为延安府，明清袭用不改，至1913年才正式废府。"延安"之名本取"延水流域平静安宁"之意，寄托着人们的美好愿望。可在事实上，延安自古以来却饱受金戈铁马的凌虐，战火硝烟的熏染。由于这里是中原与北疆边陲的交界地带，延安城东带黄河，北控灵夏，属交通要冲，素有"秦地锁钥"之称，因而成为历代兵家的必争之地。秦时蒙恬北逐匈奴，西汉武帝征讨朔方，卫青、霍去病深入大漠，北宋韩琦、范仲淹镇御西夏，无不在此厉兵秣马，作为其出师的起点与大本营。延安在历史上既饱尝了兵灾战祸，也吃尽了旱、蝗等天灾的苦头，因此，这里又是富于反抗精神的农民聚众起事的多发之地。北魏的卢水胡人盖吴、隋末的刘迦伦，人们可能并不熟悉，但明末的李自成、张献忠，现代史上的刘志丹、谢子长，却着实令陕北人为之骄傲不已。

近代革命史上的延安，其名气之大不在南京、北京、上海、重庆等大都市之下。1935年9月，中央红军正在北上途中，蒋介石就已坐镇西安，布置了以东北军为主力的军事"围剿"，企图在中央红军与陕北红军会师前先吃掉刘志丹的红二十六军和红二十七军，延安便成了楔入陕北苏区的一个军事重镇，由东北军一部驻守。嗣后，中央红军迅速冲破敌军的封锁，于11月6日到达甘泉象鼻子湾同红十五军团会合，并取得了直罗镇战役的胜利。这一仗，把围困苏区的东北军防线切割成了一个个孤立的据点,延安成了一座被红军枪炮严密封锁的孤城。西安事变爆发后,蒋介石被迫接受张、杨二将军"停止剿共"、"一致抗日"的主张。1936年12月18日,驻守延安的东北军王以哲部主动撤离,红军接收了城防,中共中央机关、中央军委总部、西北办事处等重要机构得以陆续迁驻延安。

1937年1月13日,正是隆冬季节,延安迎来了它历史上最不平凡的一天。这一天,从北门口到大砭沟口的路上,站满了红军官兵、红军大学学员、延安市民和甘泉、富县等地各界群众代表。下午,毛泽东等中央领导人经过200多里的长途跋涉,终于从临时首府保安(今志丹县)来到了延安城外。霎时,锣鼓声、唢呐声、鞭炮声和欢呼声响彻云霄,毛泽东一行健步走进了延安城。2月,党中央以肤施城区及近郊设置了延安市。9月,决定撤销肤施县,把邻近的延安县迁到川口,作为苏维埃政府的首府。后来直到1975年8月,才撤废延安县,其辖区并入延安市。

从1937年1月到1947年3月,毛泽东和中共中央在延安战斗生活了10个春秋。这时的延安,是中国革命的核心所在,是抗日战争和解放战争的指导中心和总后方。在这里,汇聚了中共的大部分精英人物,驻扎着中共和边区政府的所有重要机关,不计其数的政策、法令、方针从这里发出或率先实施,然后完善、推广到各解放区。延安,很快就被锤炼成了举世瞩目的革命圣地。

战争年代的延安，不光有明媚美好的春天，也有多灾多难的岁月。抗战开始后不久，日寇就把报复的目光投向了延安。1938年11月下旬，日寇的飞机两次大规模轰炸延安，使这座山城几乎成了一片废墟。据1946年《解放日报》的报道，抗战期间，日机共轰炸延安17次，造成经济损失达28亿多元。抗战胜利后，红都又成了国民党军队炸弹的肆虐之地。1947年3月，胡宗南部进占延安，延安又一次浸泡在血泪之中。当"天子门生"胡宗南私下活动企图将延安改名为"宗南县"的时候，人民解放军收复圣地的炮火就响起来了，席未暇暖的胡宗南军队仓皇溃逃，临行前又把延安炸成了一片瓦砾。硝烟尚未散尽，延安军民就开始了重建工作。为了躲避炸弹的袭击，在山坡上凿窑为屋，一排排开着拱形门的窑洞环山而起，每两层间有陡峭的小路连接，远远望去，构成了一个连绵不断的巨大Z字。每座窑洞前，都有一小块平地，或修有鸡舍、猪栏，或辟为菜园，或作为活动的场地。延安由此而成了一座名副其实的窑洞城。

在战争的年代里，延安是座高速运转的山城。为了支援抗战，为了保证大批脱产人口的生活需求，边区上起中共最高领导人毛泽东和边区政府主席林伯渠，下至普通战士、学员和群众，无一例外地都在原有工作之外多了一份生产自救的责任，人人都在忙于生产，忙于工作，忙于学习。同时，延安人的工作效率之高，也是众所公认的。这一点，连美军观察组的官兵们也自叹弗如。但延安的一切，往往要从零开始，主要依赖于人力、畜力和手工的边区经济，相对于庞大的战争开支和众多脱产人口来说，实在是太落后太贫穷了。因此，物质生活的艰苦，也就构成了战争年代延安的另一个显著特征。然而，在延安甚至于整个边区，却很难看到沿街流浪的乞丐。在艰苦的环境里，中共和边区政府领导人做出了表率，过着与普通群众一样的生活。自力更生，艰苦创业，成为延安重要的特征。正是这一切，红都人民既克服了重重困难，更孕育了艰苦奋斗的"延安精神"。

但延安人也不乏生活的乐趣。周末舞会就是其中的一种。延安的交谊舞会，最初是那些从苏联回来的人的即兴之作。一部留声机，几张东借西凑的唱片，便组合成了最好的舞曲。先是少数人的涉猎，很快便风靡了延安城。毛泽东、朱德、周恩来、叶剑英等高级领导人也不时到场，与大家共欢乐。舞会的伴奏，逐步由留声机发展到由小型中西乐器混合而成的"乐队"来承担。哈里森·福尔曼在其《红色中国报道》中，叙述了一次周末舞会的"盛况"。这次舞会在一个苹果园里举行，树枝上挂着蜡烛或煤气灯，外面罩上红、黄、蓝、绿的纸片，发出一种微弱而柔和的光。舞场上的人们穿着普通的布鞋或草鞋，姑娘们则穿着宽大束腰的罩衫或便裤。乐器有古老的二胡，也有现代的小提琴、口琴、土制班卓琴，还有一把广东式齐特琴，一台脚踏风琴等。演奏的乐曲，从中国民歌到法国二步舞曲、维也纳华尔兹，直到现代流行歌曲等。舞步则有狐步舞，有华尔兹，也有一步舞，还有陕北的秧歌步，可谓是土洋结合，中西合璧。当时舞场上流行有几句话：看不惯，一边站，试试看，拼命干（或为一头汗，死了算）。可见，在艰苦的环境里，这种简陋而又无拘无束的舞会，已成为延安人重要的业余"精神享受"。这也说明，战争年代的延安同样有自己的娱乐活动，充满了欢乐的气氛。

希望之光

二 引力中心

圣地的呼唤

陕甘宁边区政府的成立，使得长期被围追堵截的中国共产党及其领导的人民军队，终于以自己的真实面目再现于世人面前。陕甘宁边区这块昔日神秘的禁地，顿时成了国内外万众注目的焦点。

抗战8年，陕甘宁边区犹如一个巨大的磁场，不仅吸引众多的有识之士纷纷到这里采访、参观、工作、学习，以至加入到中华民族解放斗争的神圣事业中，而且一批批热血青年怀着满腔热忱，或别妻离子，或泪辞双亲，或万里跋涉，或履险蹈危，奔向这令人敬慕、向往的红色区域。

在民族存亡的关头，作家孔厥夫妇为能奔赴延安，硬是横下心来，把一子一女送进孤儿院、育婴堂，一路典当变卖随身之物，历尽层层关卡的阻挠和刁难，来到了延河之滨。等他们风尘仆仆地踏进延安市时，已是清风两袖，一无所有了。

熊道柄原是四川省万县一所国立小学的校长。他有一个温馨的家庭，有稳定的职业和优裕的生活环境。然而，日寇的铁蹄步步深入，国民党军队又节节败退，这使他清楚地认识到，不打败日本侵略者，平静的生活就不会长久。于是，他说服了年迈的双亲，变卖了部分家产，决心携带着裹足的妻子和堂弟、侄儿，与另外三位青年一同奔向延安。由于战乱，由万县西经重庆或东下武汉的道路均难通行。惟一的选择就是由万县北上，翻越巴山、秦岭，再由西安北上。巴山、秦岭，仅有脚夫通行的羊肠小道，不仅山高水险，而且野兽出没，土匪横行。1939 年 3 月上旬，熊道柄一行毅然告别了父老乡亲，开始了他们的远征。他们沿着山腰的栈道，徒步翻山越岭。途中，山崖上悬挂的遭土匪残杀的行人的尸体，令他们毛骨悚然；熊道柄的妻子一脚踩空，滚落山崖，幸被树枝挂住，免于丧身谷底；穿越土匪杀人越货的森林，更叫人心惊肉跳。经过 20 多天的恐怖、饥饿、寒冷、危险的跋涉，他们终于在 4 月初抵达西安八路军办事处，再转赴延安。

为接待这些进步青年，1937 年初，中共中央以西北青年救国联合会的名义，在陕西泾阳县安吴堡创办了战时青年干部学校，吸收、培训赴边区的革命青年。到 1939 年上半年，青年培训班共办了 14 期，组编了 127 个连队，培训学员 1.2 万人。同时，设在西安七贤庄的八路军办事处租赁了七贤庄 7 号院，建立接待站，并组织延安各校联合成立招生委员会，专门接待和招收革命青年。仅 1938 年 5～8 月，经西安八路军办事处介绍送往延安的革命青年就达 2288 名。

　　抗战进入相持阶段后，国民党消极抗日、积极反共，不仅在国统区迫害共产党人和进步人士，还调集重兵封锁围困边区。顽固派在边区南北两面设置了五道封锁线，仅南面第一道封锁线上就筑有碉堡6300多个，盘查站、检查哨蛛网密布，关卡林立，肆意搜查、扣留和刁难赴边区的革命青年和进步人士。更为卑劣的是，陕西的国民党当局还在咸阳、耀县、铜川等地设立"青年招待站"，诡称接待去抗大、陕公的青年，实则加以扣留绑架。1939～1942年间，国民党在交口、碑亭、黄陵、耀县、三原、永乐店、咸阳等盘查站截扣了赴延安男女青年2100多人，送到西安"战干四团"和"西北青年劳动营"（即集中营）虐待迫害。凡被"青年招待站"诱骗、强扣的爱国青年，也都拘留于"战干四团"，进行毒化训练。西安城内，"八路军办事处"周围，也是鬼影幢幢。对于出入这里的革命者和进步人士，特务们施展种种伎俩进行盯梢、跟踪，伺机加以迫害。

　　然而，顽固派的倒行逆施，阻挡不住千百万有志青年迈向真理的脚步，理想在向他们招手，圣地在呼唤着他们，为了能实现跨入边区的心愿，爱国青年开动了智慧的脑筋，通过种种公开或秘密的渠道，想方设法进入边区。一位国民党广州中央军校分校的中尉教官，目睹日机狂轰滥炸广州，中央军却不加抵抗，望风而逃的景象，顿感失望。深思之后，他身穿国民党军服，皮箱里装着"党国"的委任状，背心上印上"精诚团结"的字样，然后不辞而别。他靠着这些"护身符"，顺利地到了延安抗大。周湖帆和李哲与这位中尉相似，他们满腔热血地进了长沙国民党中央宪兵学校，盼望着能报效祖国。谁知学校里不言抗日，却大谈如何消灭"赤匪"、"奸党"。上当受骗后，他们极度苦闷，一看到抗大的招生简章，就决心奔赴延安。宪兵的黄呢军服，掩护着他们穿过层层关卡，顺利到达了圣地。一位叫小陈的革命者，与妻子从日占区逃了出来。为进入边区，在一位美国教授的帮助下，小陈化妆成传教士，身穿教士服，手拿《圣经》，怀揣美国传教士的证件，直奔延安而来。途中也曾被怀疑甚至扣留过，凭着丰富的宗教知识和满口英语，他总算如愿以偿了。

抗战爆发后，不少华侨和留学生远涉重洋，返回祖国，竞相奔赴延安。许多远道而来的青年，一看到西安"八路军办事处"的牌子，听到一声亲切的称呼——"同志"，立刻感到了说不出的温暖。一踏进边区，常有人情不自禁，热泪纵横地跪下去亲吻这片黄土地，因为在他们的心目中，祖国就只剩下这一方净土了。一位从白区过来的青年，进入边区境内后，像只出笼的小鸟，忍不住放声歌唱，一路唱到了延安。

边区是成千上万爱国者的大家庭，这里有来自全国各地的革命者，有海外归来的爱国志士，也有弃暗投明重获新生者。抗大四大队十队中，就有6名国民党的县长，他们不满国民党的反共、对日妥协政策，毅然弃官，自愿投奔延安，去吃小米，住窑洞。抗战

27

初期，阎锡山身边聚集了许多革命者，帮他出谋划策，宣传抗日。当阎锡山抛弃了抗日大旗后，这些爱国人士纷纷弃他而去，直奔延安，再高的官衔也不留。

在延安，还汇集着不少从敌对家庭中分裂出来的爱国青年和众多的留日、德、法、美等国学生。大汉奸王克敏的侄女因不满其叔父的行为，偷偷跑到了延安。此外，如黄兴的儿子黄萧，西北名将赵寿山的儿子赵元杰、女儿赵铭锦，杨虎城将军之子杨拯民，张学良的弟弟张学思，傅作义将军的弟弟傅作良，高崇民的儿子高存信，冯玉祥的侄儿冯文华，陈栖霞将军的侄女陈慕华等，经过延安精神的熏陶，后来都成了一代杰出人物。

大批爱国知识青年奔赴边区，不仅大大增强了抗战的力量，为抗战的胜利提供了干部后备军，而且也以无可辩驳的事实说明了民主与抗战是当时的人心所向，大势所趋。虽然中国共产党、人民军队和边区的力量还相对弱小，但它却蕴含着无限的生机。陕甘宁边区作为模范的抗日民主根据地，正是中国抗战胜利的希望所在，更是中国民主的光明之乡。

 革命的熔炉

陕甘宁边区既是一切进步人士和爱国青年的向往之地，又是一座革命的大熔炉。

国共合作一经实现，肩负祖国和人民希望的八路军立即开赴抗日前线。因为，对于中国共产党来说，国共合作的含义并不仅仅在于中华苏维埃政府更名改制，成为国民政府统辖下的一部分；也不单纯局限于工农红军改编为国民革命军第八路军和新四军，在外表上与国民党军队取得了一致；更为重要的是，它意味着中共及其领导的人民军队得以获得合法的地位，有了直接抗日杀敌为国出力的机会。

确实，如同雄鹰展翅、猛虎出柙一般，中国共产党领导的八路军和新四军一深入敌后，就在波澜壮阔的游击战争中显示出了强大的战斗力和旺盛的生命力。仅仅用了3年多的时间，到1940年底，中共领导的抗日武装力量，已经发展到50多万人，抗日根据地的人口近1亿人。这样，随着革命力量的发展壮大，根据地建设的蓬勃展开，迫切需要大批具有革命理论和专业知识的各方面人才，但客观现实却与此极不适应。

由于历史的原因，三路主力红军大会师后仅剩下数万人，其中绝大多数出身工农，文化素质低下，文盲所占的比例十分惊人。在陕甘宁边区的干部中，这种状况同样存在。譬如，在安塞县，区一级干部的文盲比例为：区长中占57.1％，自卫军营长中占85.7％，妇联主任为100％，工会主任中占67.1％，保安助理员和青救会主任中占28.6％。由于长期生活在贫困的农村，又处于残酷的战争环境中，这些工农干部得不到学习的机会，更缺乏革命理论修养。尽管他们在工作中有着满腔热情和丰富的经验，却难免有这样或那样的缺陷与不足。这就不能不影响到对党的政策的正确理解与贯彻执行。

全面抗战的帷幕拉开之后，数以万计的革命青年和爱国志士，怀着满腔热血奔赴延安。他们中的大多数出身于资产阶级或小资产阶级家庭，有着较高的文化知识或专业特长。然而，对于正在进行中的革命，对于中国共产党的理论和策略，他们则感到陌生和难以理解。这一切都在呼唤着一种战时革命教育体制的诞生。而陕甘宁边区则因其特殊的环境、独特的地位，成为这种革命教育的实施基地，成为一座铸造新型人才的革命大熔炉。

陕甘宁边区既是持久稳固的模范根据地，又是抗战的大后方和指导中心，还是中共中央和中央军委的所在地。在这里，集中了中共几乎所有的精英人物，汇聚了海内外大批慕名而来的优秀知识分子。中共的许多政策措施在这里试验推广，党的方针指令从这里发向各地，这里也提供了较为安静的和平环境，有从事学习研究的良好条件。因此，陕甘宁边区尤其是红都延安，便责无旁贷地担当起了培养革命干部的历史重任。

中共中央和边区政府很早就认识到干部教育的重要性，并把它提高到了战略发展的高度。从1939年3月起，党中央发布了一系列文件、条令，明确规定了干部教育的方向和具体内容，要求做到"工农干部知识化，知识分子工农化"，即工农干部必须掌握革命的理论和一定的文化知识，知识分子则要学习革命理论并参加一定的革命实践。为了领导干部教育的系统实施，还专门成立了以张闻天、李维汉为正、副部长的干部教育部（1940 年 10 月改为中宣部）及干部教育委员会，在各系统、各级机关中也建立了相应的组织。另外，又特别规定每年的 5 月 5 日为"学习节"。

边区的干部教育分为在职干部教育和学校干部教育两大类型。1939 年 5 月 20 日，边区召开了在职干部教育动员大会。1 个月内，延安及周围 80 里内的所有党政机关、团体和部队、学校都卷入了空前的学习热潮之中。在职干部按资历、年龄、文化程度等被分为三类或四类，分别学习革命理论、政策法令、业务知识和文化知识。采取的形式主要为开办训练班、组织研究小组、识字组等。学习内容分为业务教育（结合本职工作，学习政府的法令政策及本部门的知识、技术）、政策教育（学习国民政府的有关宣言、法令，党中央、西北局及边区政府的政策、法令、决定等）、文化教育（学习国文、算术、史地、自然、社会常识等）、理论教育（学习革命的基本理论，或选读马恩列斯毛的有关著作等）几个方面，其中以文化教育为主。为了使在职干部教育收到应有的成效而不致流于形式，边区政府还制定了许多规章制度，如检查与汇报制度、考试制度等。

干部学校教育主要由边区的数十所中等以上学校承担，各地的师范学校、各类专业学校和一些地方的中学、初完小也接受了这方面的任务。这些学校培训干部的方式，以根据实际需要开办各类训练班为主，如党务干部训练班、行政干部训练班、专业干部训练班、群众工作干部训练班，等等。

干部学校教育最主要的基地在延安。与一般学校设施、职员配备齐全再招生的情形不同，红都延安许多干部学校都带有战争年代的烙印和黄土高原的特色。让我们以敌军工作干部学校为例，来看一看它们诞生的历程吧！

1940 年秋雨连绵的时节，来自各地的第一批学员已经抵达延安，而所谓的敌军工作干部学校实际上拥有的仅仅只是一个名称而已。学员们只好暂时住在仓促找到的几孔潮湿的旧窑洞里。几天后，两位学校的负责人带来了消息：校址已定在宝塔山上。这两位校领导也是突然接到调令，匆匆走马上任的，因此连校址都未来得及踏勘。这一群相互生疏的人，终于组合成一个新集体，全部人马也就 20 来人。他们开到了宝塔山腰，暂时栖身于几孔残存的旧窑洞中。吃饭成了他们碰到的第一个难题，因为边区政府仅为每人每天供给 1.2 斤小米和少得可怜的菜金，那显然不够，集体讨论的结果是自己动手，到 30 里外的山上去背柴，这可以卖钱换饭吃，也可以当燃料。他们起早摸黑地干了 20 天，然后改善居住条件，加大旧窑，挖筑新窑，又在窑门外整理出一块活动用的平地。为了雨天方便，再去旧城里背回些破砖、石块，铺好了走道上的台阶。

可是，冬天接踵而来，为了抵御摄氏零下十几度甚至零下二三十度的严寒，他们请了一位烧炭行家。一伙人钻进深山老林里去烧制木炭。留下的人则割回大量的柴草，晒干铺好。另在窑洞宿舍前弄出一块平地，供大家上课。无论春夏秋冬，这就是他们惟一的露天教室了。

学校调来了伙食管理员，顺带着借了辆马车。每孔窑洞里放上一个洗脸用的瓦盆和一个打菜用的小木桶，每位学员领到了一个小凳子、一双单鞋，还有毛巾、肥皂及数目很少的津贴费。制订好课程表，调来3名主任教员和几位助教，这所学校就正式开始运转了。

就这样，中央研究院、中共中央党校、中国人民抗日军政大学、鲁迅艺术文学院等20多所干部学校，靠着艰苦创业的精神，如雨后春笋般地在延安城里城外的一处处山坡上、一孔孔窑洞里诞生了。

干部学校的课程设置，除专业基础课外，多以革命和边区建设的实际为主要内容，举凡统一战线、民众运动、公民知识，甚至陶器生产、炸药制造等，只要实际需要，则无不学之。在教学中，坚持了理论与实际相结合、学以致用的原则，采用了"请进来，走出去"等多种灵活机动的教学方法。学校常与相关部门建立起联系，有关部门的负责人也往往直接参加学校教育工作的领导，教员与学员更定期参加社会实践活动，使教学直接服务于社会。

由于处于战争年代，边区的物资又十分匮乏，因此，教育与生产相结合成了干部学校重要的办学原则。师生们抱着坚定的革命信念，一面学习，一面生产。修建校舍、开荒种地、纺线织布、缝衣做饭、打盐砍柴、烧制木炭等，无不是自己动手，以解决吃穿住用方面的困难。

在学制设置上，干部学校在初期带有速成性质。如抗战初，中等学校学制一般为 3~6 个月；1940 年后规定为 2~4 年，实际上却未做到。由于急需干部，有些学员进校时间很短，就被分配到工作岗位上去。虽然以后逐渐走向正规，学制普遍延长，但还是有一半以上的学生不等毕业就被分配了工作。

陕甘宁边区的干部教育具有教、学、做三位一体，动静教育轮番进行，学习、生产、生活、工作相互渗透等基本特点，在艰苦的战争环境中，为革命培养了大批干部，解决了实际斗争中急需干部的燃眉之急，既促进了中国革命的蓬勃发展，也为以后培养干部积累了许多成功的经验。

 领袖与群众

抗战时期的陕甘宁边区，经常有许多奇异的事情发生。县长给老百姓挑粪，合作社可用鸡蛋或柴草入股，小学的经费主要靠政府补贴，聘请教员和教什么内容要由家长决定，诸如此类的"奇事"，足以令人瞠目结舌了。可是，你要是再考察一下领袖与群众的关系，还会有更令你难以置信的故事。

那时，在清晨的原野上，你可能会偶尔碰到一位肩挑粪筐的老头；也可能会在一孔窑洞前，看见一位盘膝而坐手摇纺车的汉子；还可能在滂沱雨天的泥泞小路上，邂逅一位手撑破雨伞，正赤脚疾走的高大男子……如果你对这些"常人"毫不熟悉，或是只闻其名而未谋其面的话，你也许会毫不留意地擦肩而过。如果不是在特殊的场合，你又未经别人介绍或没有得到特别的暗示，当一群人迎面而来，谈笑而去时，你也许不会感到有丝毫的异样。殊不知，你已在毫不经意中，与朱德、周恩来、毛泽东这样的一代伟人失之交臂。

在中共的领袖群体中，毛泽东无疑是一位最杰出的代表。然而，用美国人哈里森·福尔曼的话说，延安时期的毛泽东却"并不是什么不可接近的神灵"。作为中共及其军队的最高领袖，在他的身上，丝毫找不到任何足以显示其地位与身份的标志。这使那些初次见到毛泽东的人，常常会怀疑会晤与自己的感觉是否真实。

作家黄钢记述了他第一次见到毛泽东的情景。那是 1938 年的除夕之夜，中央组织部的大礼堂里，人如潮涌。晚会尚未开始，按惯例，人们互相拉歌。歌声飞扬，笑语喧天，气氛异常热烈。不知是谁的提议，众人的目光一瞬间聚集到了音乐家吕骥的身上。这时，有人大喊要坐在吕骥旁边的毛泽东拉吕骥起来唱歌。黄钢这才注意到，离他仅隔几个座位的那个人有点像照片上的毛泽东。"呵，毛泽东！""这么自由地插坐在群众中间，穿着与我们一样的衣服，享受着与我们一样快乐的人……"这时，会场上的目光都投向了毛泽东，"请毛主席唱歌！"人们高喊着。身材高大的毛泽东敏捷地站起来，转过身，对着一屋子期待的目光，爽朗地说："我们大家唱个《国际歌》吧"。然后，他兴奋而又虔诚地摘下帽子，用浓重的湖南口音领唱："起来，饥寒交迫的奴隶……"雄浑悲壮的旋律随之升起。细心的黄钢还注意到了毛泽东那理得粗糙的头发，和自己的一样，这显然是后勤处那些青年战士们速战速决的"杰作"。

初到边区的白求恩大夫第一次进入毛泽东窑洞时，看到他面前的人，竟是一身平常的黑粗布棉衣，袖口和膝盖上缝着补丁，脚上穿一双八路军战士的棉鞋。他简直不能相信，这就是大名鼎鼎的毛泽东！

海伦·斯诺首次见到毛泽东时则感到，他像一位和蔼可亲的老农，富有同情心，是一个可以信赖、对全人类都那么仁慈和友好的人。

环顾毛泽东的"家"，在十几平方米的窑洞里，几乎找不到一件可以称之为摆设品的东西。地上简单地铺有砖头，四墙粉刷过。门上挂着粗白布门帘，西墙边放着几个装满书籍的书架，靠东墙放着一张没上油漆的方桌和五六把木椅木凳，家具结实而笨重。桌上放着一把北方常见的大茶壶和几个茶碗。一到晚上，点燃的蜡烛是惟一的光线来源，它被固定在一只翻过来的杯子的底上。那时，毛泽东的饭桌上，常常是陕北老乡家里随处可见的小米饭、土豆、白菜，要说区别，那就是多了一小碟警卫员想方设法弄到的红辣椒。

以领袖的身份而过着平民的生活，这当然是毛泽东的不寻常之处。然而，如果他的所作所为仅限于此，那么他也就不成其为毛泽东了，人们也就不会称他

"穷人王",更不会给他戴上"人民救星"的桂冠了。毛泽东已植根于人民的沃壤之中,他的"小我"深深地熔铸进了民族的"大我"之中,又从中升华冶炼而出,成为一个时代、一个民族的意志、情感和文化的象征。

1941年6月3日下午的一场雷电霹雳,使正在边区政府小礼堂开会的延川县代县长李彩云不幸殒命。不久,延安市场沟的集市上,一位赶集的农民当着人群扯开嗓子大叫:"击死个县长有啥了不起?让雷打死毛泽东才好哩!"

这事被迅速报告到了毛泽东那儿。他心头一震,"啪"的一声把笔扔到了桌子上,站起身,在窑洞里来回踱步。让雷打死毛泽东?为什么?有果必有因,这因是什么呢?一连串的疑问从心头升起。他决定先弄清到底是为了什么,老百姓要说这样的话。结果很快就弄清楚了。原来,这一年向农民征收的20万石救国公粮,数目过大,群众负担太重,牢骚不满颇多。恰好雷电又打死了那位农民的一头驴,他便借机在闹市上发泄胸中的怨气。

那么,群众的负担究竟重到了什么程度呢?这需要调查。于是,中共中央西北局宣传部受命组成了一个6人考察团,一头扎进了固临县的乡村。2个月后,一摞厚厚的《固临调查》材料放在了毛泽东的案头。夜以继日地读完了材料,毛泽东走出窑洞,心头沉甸甸的:1938年,1万石;1939年,5万石;1940年,9万石;1941年,20万石。这些征收公粮的数字一直在他大脑中曳荡；还有羊毛税、教育费、公盐代金、出公差等。他似乎看见了颗粒无收的田野，看见了衣衫褴褛的群众，看到了正啼饥号寒的百姓，也看到了地方干部的满脸愁容……毛泽东心情沉重了。人民的承受力毕竟有限，何况这还是块极不富裕的土地？我们闹革命是为了什么？无论如何不能亏待和辜负人民啊！要采取措施，绝不能让陕北人民再受苦。很快，党中央和边区政府研究决定，当年减征公粮 4 万石。随之，军民大生产的自救运动也掀起了一个新高潮。

边区大生产运动中，毛泽东的名字与其他中央领导同志的名字一样，都工工整整地列在了中央机关人员生产计划的名单里。毛泽东当起了老农，他要开荒种菜了。在杨家岭住地下面的山脚处，有一块近一亩的硬板板的荒地。工作之余，毛泽东扛着镢头挖地，垒水坝，然后栽上辣椒、西红柿，种上土豆、南瓜等。一有机会，他就向老乡请教，再一丝不苟去实践，浇水、施肥、锄草，一畦畦青菜长得绿油油、水汪汪。收获的时候，他细心地摘下菜，整齐地放在筐里，亲自背到机关食堂交给管理员，还忘不了问一声：交了多少斤？还差多少？按中央机关规定，每人每年的蔬菜任务是 360 斤，毛泽东则年年超额完成。

1939 年杨志孝娶亲的那一天，曾一时轰动了杨家岭。杨志孝家穷，结婚连花轿也没有。边区正在提倡妇女解放，可乡下婆姨总得在百年大喜中风光排场一回啊！因此，女方坚持要坐花轿，没有花轿休想拜堂。满屋的人火烧火燎的，想不出好的办法。这事让毛泽东知道了。他先替女家圆场，缓解了紧张的气氛。但花轿却一时找不到，花钱去雇也来不及了。毛泽东微微一笑，和工作人员耳语了几句。一会儿，那工作人员抬来了中央办公厅的一张方桌，四脚朝天一放，桌腿上绑两根椽子，四周用红布围了一圈，一个漂亮的花轿就有了。毛泽东还不放心，又让那工作人员坐进去试了试。嗯，不错！这才哈哈笑道："这样就好了嘛！这也是新事新办嘛！"

有了花轿，新娘子高高兴兴地穿红戴绿了。可当她听说这花轿是毛主席让人搭的时，泪水一下子流了出来，把新衣都弄湿了。

质朴憨厚的陕北人无比热爱毛泽东，于是，选择了一种古老的方式，来表达他们对毛泽东的感激和爱戴之情。他们挑选了最上等的木料，由最出色的木工和油漆匠合做了一面大匾，红底金字，上书四个大字——"人民救星"。1946 年的元宵节，延安人民敲锣打鼓给毛泽东送去了金匾。陕北人充满激情地唱起了民歌。曲调虽仍是旧的，仍像过去的那样悠扬动听，但歌词却变了，换成了直抒胸臆的新词：

"东方红，太阳升，中国出了个毛泽东；他为人民谋幸福，他是人民大救星……"

那面大匾上的金字至今仍闪闪发光，那首新词的民歌后来唱遍了全中国。因为，它不仅倾注了边区人民对自己领袖的爱戴，而且揭示了只有毛泽东和他领导的中国共产党才能拯救中国这一伟大真理。

三 民主政治

 普选·参议会·民主建政

由于数千年封建专制统治的影响，陕甘宁边区在历史上曾是中国政治上最落后、最黑暗的地区之一，穷苦百姓长期呻吟在社会的最底层，从来不知"民主"究为何物。直到土地革命战争时期，民主政治的曙光才第一次照到了黄土高原上的这块偏僻地区。抗日战争爆发后，随着中共各项政策的转变，以及边区政府的成立，边区开始了由苏维埃工农民主制向抗日人民民主制的转变。

早在 1937 年 2 月，中共中央致电国民党五届三中全会时，就提出了合作抗日的五项要求与四项保证，其中第三条保证即为：在特区政府区域内，实施普选的彻底民主制度。5 月 12 日，西北办事处会议通过了《陕甘宁边区选举条例》，提出了普遍、直接、平等、不记名投票的选举原则。它规定：凡居住在边区区域内的人民，在选举之日，年满 16 岁，无男女、宗教、民族、财产、文化的区别，都有选举权和被选举权，但汉奸、犯罪被剥夺公民权者及精神病患者不得享有此项权利。选举方式则由选民直接地选举各级代表或议员，每居民 20 人得选举乡代表会代表 1 名，每居民 50 人得选举区议会议员 1 名，每居民 200 人得选举县议会议员 1 名，每居民 1500 人得选举边区议员 1 名。选民投票采取不记选举人，只写被选举人的秘密方式，以确保选民的选举自由和人身安全。

经过充分的准备和广泛深入的宣传，7 月 15 日，边区正式开始了民主普选工作，至 10 月底，乡、区、县各级选举工作结束，有 70% 的选民参加了选举运动。随后，边区议会选举也在 12 月完毕，进而组成了边区政府，林伯渠当选为边区政府主席，张国焘为副主席。历时半年的选举运动，建立起了从乡到边区的抗日民主政权，实行了从苏维埃工农民主制向抗日人民民主制的转变。转变后的边区政制和以往的苏维埃民主政制在组织体系方面，有着明显的区别（见图 1）。1938 年 4 月，国民党临时全国代表大会决定成立国民参政会。7 月，第一届国民参政会在汉口召开。9 月下旬和 10 月初又相继公布了省、市参议会的组织条例。11 月 25 日，边区政府发出训令（同时上报行政院与国民参政会备案），将边区议会改为参议会，以便在名称上取得统一并促进全国的地方参议会早日成立，"争取最后胜利完成抗战建国大业"。经过 3 个月的筹备，1939 年 1 月 17 日至 2 月 4 日，陕甘宁边区第一届参议会在延安举行，到会参议员 146 名，加上各界代表与来宾，约有 700 余人。会议听取并讨论了林伯渠、高自立关

苏维埃政权组织系统

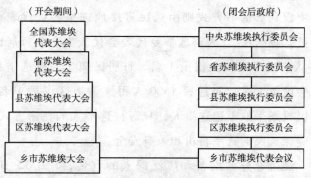

（开会期间）　　　　　　　　　　　　（闭会后政府）

边区政权组织系统

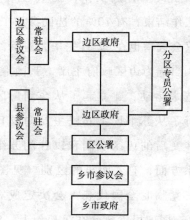

图1　苏维埃政权组织系统
与边区政权组织系统的区别

于边区政府两年来的工作报告及各厅、院、处负责人
对各部门工作的总结，制定了《陕甘宁边区抗战时期
施政纲领》。大会通过了重要提案12件，条例5件；
选出了参议会正副议长和常驻参议员，选举了边区政
府的领导成员。2月6日，边区政府委员会宣誓就职。

在边区政府的历史上，有过3次大规模的全民普

选。除前述第一次外，第二次在 1941 年 1 月至 7 月间举行，第三次在 1945 年 8 月到 1946 年 3 月间举行。就性质而言，这种民主选举制尚属于资产阶级民主制的范畴，但它符合建立与巩固抗日民族统一战线的需要，是当时中国最民主的选举制度。为了把这种选举制度付诸实施，中国共产党人曾倾注了大量的心血。由于边区地广人稀、交通不便、经济文化落后，要由老百姓直接选出自己的代表去组成政府，来决定和管理自己的事情，这实在是破天荒的第一回。为此，每次选举前，边区政府都要进行充分的准备，成立各级选举委员会，利用各种方式，进行文字、口头和文艺宣传，还要登记选民并张榜公布，培训选举工作人员，工作十分繁重。

在各级选举过程中，真正贯彻了普遍、直接、平等、无记名投票的原则，坚持了"三三制"的原则，切实保障了人民提名候选人和参加竞选以及投票的自由。群众也积极地发挥了自己的创造才能，因时因地因人而创造了许多灵活多样的选举方法，如划圈法、划道法、燃香烙洞法、投豆法等。通过实践，人们逐渐认识到了选举的重要性，他们参选的积极性与主动性便大大提高，参选的比例逐次上升。第一次普选时参选者已占选民总数的 70%，第二次就上升到 80%，第三次则达到 82.5%。每逢选举之日，各选举点往往像赶庙会、过年节一样，盛况空前，热闹非凡。有婆姨手抱娃娃、兜揣馍馍参加选举的，有大闺女、新媳妇穿上新装，搭伙结队去参加选举的，也有六七十岁的小脚老太太，拄着拐杖，走出山沟参加选举的。种种生动感人的故事，在边区俯拾皆是，不胜枚举。凡此种种，充分显示了边区民主政治的深度与力度，同时也是对那些认为中国人民素质低下，没有民主习惯，不能实行民主制度等谬论的一个绝好的驳斥。

依据《陕甘宁边区议会及行政组织法纲要》的规定，由普选产生各级议会，再由议会选举同级政府人员，议会为权力机关，政府则为执行机构。但第一次普选结果后产生的特区政府，其成员却是由中共陕甘宁边区委员会提出，经中共中央研究同意后决定的，未经过法定的程序，这不能不说是一个缺陷。在这次普选中，由于传统习惯和共产党人的巨大影响，也由于经验不足，第一届边区参议会的议员，几乎是"清一色"的共产党员，民意机关成了共产党人的"一统天下"，这也是一个明显的不足之处。

到了第二次普选时，"三三制"的原则（即在各级政权的人员构成上，共产党员、非党进步分子、中间分子各占三分之一）已经问世，但选举的结果，边区、县级参议员中，共产党员仍占很大比例。为此，西北局专门发出了《关于聘请非党人士为区参议会正式议员的通知》，诚心诚意去聘请非党民主人士候选人为边区参议员（聘请46人），各县也聘请了数量不等的党外人士，基本贯彻了"三三制"的原则。第三次普选时，由于民主已深入人心，加上共产党人的真诚无私及各阶层人士的共同努力，"三三制"原则得到了最彻底的贯彻。

各级参议会行使职权的方式基本相同。边区和县参议会议决边区或各县的一切重大事务，一般由参议员提出议案，交由参议会讨论表决，如获通过则交由同级政府具体执行。参议会休会期间，则由参议员选出的常驻参议员若干人负责处理日常事务。其中，边区、县参议会均设议长、副议长 1 人，由参议员互选，正、副议长为当然的常驻议员。乡或乡级市参议会不设议长和副议长，开会时推举主席团 3 人主持会务，乡长是其中一员，休会期间亦不设常驻委员。参议员的任期前后有所变动，第一届参议会时，边区、县参议员任期均为 1 年，乡参议员任期半年。第二届则改为边区参议员任期 3 年，县、乡参议员任期为 2 年和 1 年，均可连选连任。各届参议会一般定期开会，如第二届参议会时，边区、县、乡参议会分别 1 年、半年和 2 个月开次会。另外，亦可召集临时性会议。

边区参议会是边区最高权力机关，其职权主要是：选举、罢免边区政府主席、副主席、政府委员及高等法院院长，监察、弹劾边区各级政府、司法机关公务人员，制定边区单行法规，通过边区政府预算，审查其决算，批准边区政府的各项计划，决定地方捐税的征收废除或增减、地方公债发行、边区兴革事项，议决边区政府、人民、民众团体交议或请议事项，督促检查边区政府执行参议会事项，追认闭会期间常驻会及边区政府关于紧急措置的重要事项。县（市）参议会为本县（市）最高权力机关，其主要职权为：选举或罢免正副县（市）长，监察及弹劾县（市）政府、司法机关公务人员，决定本县（市）地方经济收支，创制、复决本县（市）单行法规，批准县（市）政府各项计划，议决县（市）政府、人民及群众团体交议、请议事项，督促检查县（市）政府执行参议会决议情况，决定本县（市）兴革重要事项，追认闭会期间常驻会、县（市）政府紧急措置事项。乡参议会为乡级最高权力机关，其主要职权是：选举、罢免乡长及乡政府委员，监督与弹劾乡及村坊行政人员，议决并执行上级政府交办事项、本乡兴革事项和人民与民众团体提议事项，议决本乡人民公约及经费收支等事项。大概来说，边区参议会、县参议会与同级政府在行政上各自独立，不存在从属或领导关系，各有自己的系统，分别行使其职权，议会监督政府，政府牵制议会，二者相互制约，形成一个有机的和谐体。至于乡参议会与乡政府则不采用并立状态，实行议行合一制。因而，乡参议会的召开也就不像边区或县级参议会召开时那样隆重。一般是选个合适的地方，或屋里或户外，或田间地头或村旁树下，参议员们或坐或蹲或站；政府委员、各部门负责人按顺序作工作报告，参议员们轮流发表意见，多由该乡小学教师担任记录人。这种会叫做"一揽子会"。"一揽子"为陕北方言，即"什么都来"或"什么都有"的意思。

通过普选和参议会，陕甘宁边区建立起了各级抗日民主政权，并在实践中不断完善和深化这种民主政治。正因为如此，民主精神才渗透到了边区政治、经济、军事、文化等各个领域和人民生活的每个角落，

使边区到处充满了无穷的活力和蓬勃的朝气。也因为
如此，边区才能够把每一个人的智慧与力量都会聚起
来，凝结成一个坚不可摧的强大堡垒，从而克服重重
艰难险阻，赢得一个又一个的辉煌胜利。更因为如此，
边区才能从一块既不丰腴也不广袤的红色区域，发展
壮大成为令中外瞩目的模范的抗日民主根据地，并为
中国共产党人夺取全国政权提供了强大的后方基地。
在这个过程中，边区民主政治的曙光，最终也照亮了
全中国，并在新中国民主制度的发展道路上，依然放
射着灿烂的光芒！

 五一施政纲领

　　1941 年初，陕甘宁边区开始进行普选。为了办好
选举和适应竞选的需要，并为下届政府确定工作方向，
中共边区中央局根据毛泽东拟定的施政方针与各项政
策，制定了《陕甘宁边区施政纲领》（以下简称《纲
领》），作为中共向边区第二届参议会提出的竞选政纲。
它经中共中央政治局批准，于同年 5 月 1 日公布，故
称"五一施政纲领"。

　　1941 年 11 月，边区第二届参议会在延安开幕，经
全体参议员一致通过，认为"五一施政纲领""不但适
合于边区的需要，而且完全符合于中国的国情，是惟
一正确的边区施政方针，也是团结抗战以救中国的良
策。因此，本会全部接受作为政府今后的施政纲领，
并责成政府领导全边区人民切实执行之"。《纲领》除

引言外共 21 条，其内容围绕着"团结、抗日、民主、进步"的总方针，简明扼要地阐述了共产党在政治、经济、军事、外交、文教卫生等方面的政策，是中国共产党抗日民族统一战线原则的具体体现。

《纲领》首先提出了中国共产党在抗战时期的总方针，即"团结边区内部各社会阶级、各抗日党派，发挥一切人力、物力、财力、智力，为保卫边区、保卫西北、保卫中国，驱逐日本帝国主义而战"（第一条）。"坚持与边区境外友党友军及全体人民的团结，反对投降分裂倒退的行为"（第二条）。

接着，《纲领》阐述了党对各方面工作的基本政策。在军事上，要提高边区武装部队的战斗力，保障供给，改善兵役、后勤动员等制度；同时要加强军民关系，加强优待抗属工作，包括八路军及一切友军在边区的家属（第三、四条）。

在政治上，政权建设中要实施"三三制"政策，即"本党愿与各党各派及一切群众团体进行选举联盟，并在候选名单中确定共产党员只占三分之一，以便各党各派及无党无派人士均能参加边区民意机关之活动与边区行政之管理。在共产党员被选为某一行政机关之主管人员时，应保证该机关之职员有三分之二为党外人士充任"（第五条）。《纲领》强调要充分保障人民民主权利，实施"法律面前人人平等"的原则，其第六条规定："保证一切抗日人民（地主、资本家、农民、工人等）的人权、政权、财权及言论、出版、集会、结社、信仰、居住、迁徙之自由权。除司法系统及公安机关依法执行其职务外，任何机关、部队、团体不得对任何人加以逮捕、审问或处罚，而人民则有用无论何种方式控告任何公务人员非法行为之权利。"改进司法制度，坚决废止肉刑，重证据不重口供；对犯罪分子能迷途知返者，实施宽大政策；还提出了对汉奸、叛徒、反共分子的有关政策（第七条）。《纲领》特别强调要厉行廉洁政治，"严惩公务人员之贪污行为，禁止任何公务人员假公济私之行为"，规定"共产党员有犯法者从重治罪"；同时，实行俸以养廉原则，保障一切公务人员及其家庭必需的物质生活及充分的文化娱乐生活（第八条）。《纲领》还提出，要提高妇女的社会地位，保护女工、产妇、儿童的利益。民族关系方面，应"实行蒙、回民族与汉族在政治经济文化上的平等权利，建立蒙、回民族的自治区，尊重蒙、回民族的宗教信仰与风俗习惯"。

在经济上，实行发展与奖励农工商业，保障抗战需要，调整各抗日阶级内部关系，合理负担及适当改善人民生活的政策。第十条规定，已分土地的区域保持现状，土地未经分配区域则实行减租减息政策，政府对租佃关系与债务关系加以合理调整。第十一条提出了"奖励私人企业"、"实行自由贸易"的工商政策，要求用发展合作事业及扶助手工业等办法，去促进工业发展与商品流通。税收方面"实施程度不同的累进税制"，以利财政收入。另外，对劳动政策、农业政策，在第十二条与第九条都有明文规定。

在文教卫生方面，《纲领》提出继续推行消灭文盲政策，普及国民教育，加强干部教育，奖励自由研究，尊重知识分子，提倡科学知识与文艺运动，欢迎科学艺术人才，保护流亡学生与失学青年；推广卫生行政，增进医药设备，欢迎医务人才等。

《纲领》在第十六条至第二十一条中，还对妇女、民族、华侨、游民及外国人的政策，分别作了规定。

"五一施政纲领"是中国共产党的《抗日救国十大纲领》的进一步发展和具体化。它总结了抗战三年来边区施政的实践经验，更全面深刻地反映了全边区以至全国人民的根本利益和基本要求，因此得到了边区人民的一致拥护。《纲领》所体现的新民主主义政策，虽然只是边区的施政方针，但其意义却远不止此，它不仅成为其他抗日根据地制定政策的样板，也是彻底战胜日本帝国主义，实现独立自由与强盛的新民主主义中国的战斗旗帜。

《纲领》公布后，《字林西报》曾作了报道，《申报》予以转译，在国统区引起了强烈反响。为保证《纲领》的切实贯彻，边区政府还制定、修正了一系列法规条例。此后几年间，边区政府督促各级政府认真贯彻《纲领》，使"三三制"政权逐步健全起来，边区民主政治更趋完善，调动了各阶层人民的积极性，边区建设取得了显著效果。到 1944 年底，边区人民的政治、经济、文化生活都有了显著的提高。

 3 李鼎铭说"我有职有权"

在陕甘宁边区历史上，活跃着一批被人们尊称为

"先生"的人物。那时的"先生"二字，在边区有着其特定的含义，它通常被用来称呼党外民主人士或者中间阶级的代表。在这群"先生"中，李鼎铭是影响最大也是最为有名的一位。

1881年9月28日，李鼎铭出生在陕北米脂县桃花峁的一户农家里。家乡的小村位于县城东约40里处，这是块峁沟交错的贫瘠之地。李家祖上世代务农，有着"耕读传家"的传统。李鼎铭虽在幼时读过几年私塾，但他一生渊博的知识却是靠刻苦自学得来的。他本人兴趣广泛，涉猎甚广，少年时遍览经史子集，后又自学近代天文、地理、数学、气象，中医方面亦颇有造诣，曾自造地球仪、天文盘，以推算日月食。

清末，李鼎铭亲眼目睹了国家的孱弱和列强的种种凌辱，立志以救国为己任。他认为，救国须以使平民抬头为先导，而要想让平民抬头，就要从兴办教育、培养人才入手。因此，他先于1904年在家乡兴义学、教私塾；后在1910年受聘到绥德中学去任教。1913年，他又利用庙产创办了米脂第一所国民小学——陈岔觉民学校，自兼教员和校长。在学校里，他推行新式教育，开设新式课程，提倡启发式教学；除学习文化知识外，还注重培养学生的劳动习惯和生产技能。由于遭到顽固守旧势力诋毁攻击，学校勉强维持了3年，被迫停办。李鼎铭带着10余名学生返回桃花峁，几经波折，又在1918年底办起了"区立桃花峁初高级小学校"（后改称桃镇小学）。为了办学，他用自己创立的桃花峁集市的税收作为经费来源，又典卖了自家

12 坰地（约 36 亩）补足了不够的部分。开学后，他继续推行新式教育，又首次设立女生班，让自己的女儿、儿媳带头上学，以改变男女不同校学习的旧风气。

除办学外，李鼎铭还是位积极推进社会进步和热心公益事业的带头人。辛亥革命后，受孙中山三民主义的影响，他在家乡大力破除封建迷信，禁止偷盗、赌博，提倡剪发、放足；而且从自己家人做起，为乡民树立榜样，推动了社会新风气的形成。他也乐于济危扶困，为乡邻排忧解难。他曾发动群众捐款造桥补路，还积极倡导植棉、纺织、运输、繁荣市场。为减轻百姓负担，他组织过乡民抵制私人包税制和烟税勒索，带头清理县财政，迫使贪官污吏吐出了部分赃款。1925 年，李鼎铭的声望日隆，被聘为榆林道尹公署顾问。临行前，家乡民众以五区公民的名义送给他一块"造福桑梓"的巨匾。

上任不久，他便看透了当时政治的黑暗腐败。由于他对官场的营私舞弊和只知搜刮享乐、不问民生疾苦的恶风劣行深恶痛绝，又加上身体有病，便在 1926 年愤然辞官归故，以行医为业，悬壶济世。

30 年代初期，国民党企图借用李鼎铭的声望收拢"民心"，聘他为米东区"肃反"委员会主任。李鼎铭上任后，不仅洁身自好，为民代言，而且也做了一些符合群众利益及保护革命者的事情。但这时的他，对中国共产党的理论与政策既缺乏了解，也不赞成。1936 年西安事变的和平解决，使他对中共的认识起了变化。西安事变爆发后，李鼎铭原以为中共与国民党有 10 年的血海深仇，蒋介石肯定难逃一死。然而，结局却大出他的意料，共产党主张并促成了释放蒋介石，避免了可能发生的新的内战。后来，李鼎铭从一份材料中明白了其中的原委，不禁对共产党人的宽阔胸襟拍案叫好，对儿子李力果参加革命的举动，也由反对转变为支持。卢沟桥事变爆发后，李鼎铭的思想发生了急剧的大转折。八路军进驻米脂县，使李鼎铭亲眼看到了这支亘古未有的人民军队的军纪风貌。他开始赞同拥护中共的团结抗日主张，对抗日民族统一战线政策也能够理解和接受了。

1939 年，已任山西新军第四纵队副司令员的李力果偕妻子返回延安，途经米脂时回家探亲。父子俩畅谈了 7 天，使李鼎铭对中共的政策以及中国革命的许多问题有了更清晰的认识。由此，他的精神状态大为改观。应儿子的要求，他与国民党第八十六师二旅旅长交涉，使其释放了被扣押的 200 余名共产党员；还利用自己的声望，说服了米脂县长，使之允许八路军在境内征粮。

为适应抗战形势，中国共产党在陕甘宁边区实行了一系列新的政策，建立民主政权便是其中最重要的一项。从 1937 年冬开始，经过普选，建立了各级参议会和民主政权。1939 年 1 月召开的边区第一届参议会上，更确定把"实行民主政治"作为边区建设的大政方针之一。1940 年春，中国共产党为照顾一切抗日阶级尤其是中间阶级的利益，提出了政权建设中的"三三制"政策。1941 年 8 月，米脂县的三级选举开始。

李鼎铭以他的德高望重、竭诚爱国和思想进步当选为米脂县参议会议长。在边区参议员选举中，又被列在"公正绅士"的候选人名单上，并以多数票当选为边区参议会的议员。

11月6日，边区第二届参议会在延安新建的参议会大礼堂隆重举行。次日，李鼎铭当选为边区参议会副议长，发表了热情洋溢的就职演说。他激动地说："我今年已61岁了，本来没有能力，加之衰病交加，十余年不出家门，纵然有点思想，也是闭门造车，不能出门合辙。今天大家选举我，我觉得惭愧得很。但是，既蒙选举，自当勉尽绵力。"他盛赞中共与党外人士实行民主合作的政策，最后讲了两点意见：一是团结问题，要求"最好不要责备别人，先从自己做起"，使"大家都向一条大路前进"，"同心合作，干这抗战建国的事"。二是经济问题，"所有抗战建国的工作，都离不开经济，我们处在资源薄弱的地方，又加以连年灾荒，经济的困难，达于极点……因为处在生死存亡的时候，人人都应该毁家纾难，把中国救下来再说别的"。他提出经济上须有整个计划，一方面开发资源，一方面避免浪费，"若是我们没有整个的计划，常常入不敷出，处在经济压迫之下，将来政府与人民交困，前途的危险，何堪设想？"大家对他坦诚而又激昂的演说，报以热烈的掌声。11月20日，大会选举边区政府领导人。出于信任，参议员又选举李鼎铭为边区政府副主席。但依法李鼎铭不能同时任参议会副议长和边区政府副主席两职，最后根据他个人的意愿，大会在 21 日通过免去其副议长职务（补选安文钦为副议长）的决议，专任边区政府副主席一职。第二届边区参议会闭幕的次日，即 11 月 22 日，新当选的边区政府正副主席及 16 位政府委员在参议会大礼堂"宣誓就职，并接印视事"。

这样，自小怀抱救国大志却又历经坎坷的李鼎铭，在半世蹉跎之后，终于在晚年花甲岁月担当起了边区政府副主席的重任，走上了与中共合作共事的新的人生道路。

1942 年 5 月，李鼎铭因公顺路回家探亲，返回延安前，他把全部家产献给了当地政府，把家属也接到了延安。他从米脂一回来，毛泽东就把他接到杨家岭，询问搬家的情况。听说他把家产都交给了国家，毛泽东关切地说："还是留一点吧！"李鼎铭倔强地回答："留一点甚用？我人都是国家的了。一点也不留了。"毛泽东听后哈哈大笑："人都是国家的了?! 哈哈哈！你真是个开明人士啊！"

不过，李鼎铭在边区政府的工作也并非一帆风顺。"三三制"刚实施时，不少党员和干部还缺乏深刻认识，工作中常受教条主义和宗派主义思想的影响，出现了不尊重、不信任党外人士，由党员干部包办代替，党外人士有职无权的现象。贺连城曾描述这种状况为："党外人士以客人自居，视党人为主人；而党人则以主人自居，视党外人士为客人。"李鼎铭也一度成了这样的一位"客人"，这使他内心十分苦闷和压抑，不知不觉间就与柳湜（shí）、贺连城、霍子乐等非党人士亲近起来，而与林伯渠这些党内政府领导人日渐疏远。

边区政府秘书长李维汉很快感觉到了李鼎铭流露出的消极和不满情绪。他同林伯渠商量后，决定找李鼎铭开诚布公地谈谈。一天晚上，李维汉来到李鼎铭的窑洞里，开口第一句话就是："鼎老，我这秘书长不能当了，我要辞职了。"李鼎铭吃惊地问："为什么？""好多事情，副主席不吭气，我这秘书长怎么当？"李维汉似乎很委屈地说。沉默了片刻，李鼎铭才打起精神，倾诉了郁积在心头的意见："我原本不愿出来做事的，是受到毛主席在参议会上的演说的感动才出来的，在党外人士有职有权的鼓励下出来的。任职后，政府开会要我主持时，只临时给我一个条子，什么都不跟我谈，我怎么办？政府下达命令、指示，要我执行，有的内容事先我一点也不知道，怎么办？现在同级把我当客人，下级把我当傀儡。党上有包办，政府不能决定政策。我这个副主席也不想干了。"那天晚上，他们两人谈了很久，李鼎铭吐出了心中的肺腑之言，也道出了党内外关系不正常的原因所在。

李维汉回来后报告了边区政府党组，很快商定出了4条改进措施，专门作出两条规定：一是每周举行一次向主席、副主席的汇报会议，参议会常驻副议长和政府正、副秘书长也参加，由各厅、处、院主管人员轮流汇报工作，有问题当场商量解决；二是"各厅、处、院向政务会议提出有关方针、政策、计划和其他重要议题时，除经过党组研究外，还须向李鼎铭副主席汇报，取得同意后再提交会议讨论"。同时，"各厅、处、院处理内部的领导关系时，也要参照这两条办法实行"。在贯彻此规定的同时，凡遇重大问题，党内与党外负责人充分交换意见，求得协商一致。各级政府也定期召开党外人士座谈会，以听取他们对政府工作的批评意见。此后，党内外关系上的不和谐音迅速减弱了，李鼎铭非常高兴，态度也完全改变了。谈到政府时，不再讲"你们党上"如何，而是说"我们团体"怎样了。有一次财政厅长南汉宸向他汇报边币发行数量时，他马上以"主人"的姿态关照说："这可要绝对保密啊，不要让其他的人也知道啊！"李鼎铭等民主人士与中共进行了愉快的合作，使他们在自觉不自觉中，都逐渐形成了一个"边区立场"，从中不难折射出边区民主政治的许多闪光之处。

　　1943 年，国民党顽固派为了破坏统一战线，攻击边区的"三三制"政权，针对边区的党外人士制造了一系列挑拨离间的文件和谣言，一再谎称"副主席李鼎铭被撤职"。李鼎铭对此大为震怒，也看出了顽固派的险恶用心所在，专门在《解放日报》上撰文驳斥说："我还是陕甘宁边区政府副主席！" 1944 年 6 月，中外记者团访问延安。《新民报》记者赵超构在后来写的《延安一月》中描写了李鼎铭的一幅老态："年已老迈，瘦得可怕，门牙都已脱落，戴着一副大框的眼镜，几乎要占去他脸孔的二分之一。"就是这样的一位老人，仍颇具雄心地对记者说："风烛残年，早该息影田园了，只是为着大家的事，不能不出来服务。"同行的美国记者福尔曼也描述了李鼎铭主持一次会议的情况，他"一边从一把小小的瓷壶嘴里啜着茶，一边回顾全世界最近的军事形势"。会议结束时，李鼎铭坚定地总结说："现在我们的盟国在到处赢得胜利，我们不应该坐等他们的援助，而必须依靠我们自己的努力来打败日本侵略者"。英国记者斯坦因到延安后，曾专程去拜访李鼎铭。此前，斯坦因总以为，共产党把这位在本县声望极高的温和的老人挑选出来，恐怕只不过是把他当做赞美新民主主义的傀儡使用罢了。然而，事实改变了他的看法。经过长时间交谈后，斯坦因发现李鼎铭是个诚实、聪明、积极、具有明确见解和坚定意志的人，他拥护新民主主义完全出于自愿。于是，斯坦因问李鼎铭作为一个非党人士是否有职有权，李鼎铭爽朗而又骄傲地笑了："我有职有权！"斯坦因说道："李鼎铭副主席真正有职有权，他在回答我的问题时，面笑心也笑了。"

在以后的几年间，李鼎铭为边区的繁荣和抗战事业的发展倾注了其全部的精力，直至 1947 年 12 月 11 日因病逝世。对于他在边区政府的工作，中共中央作了这样的高度评价："李鼎铭先生在陕甘宁边区政府工作中，做了许多有益于人民的贡献；人民对他的功绩，将永志不忘。"

在无定河畔李鼎铭的墓地，有一块高大的石碑。林伯渠题写的"爱国典范"四个大字，至今依然放射着引人注目的光彩。

挣脱了锁链的边区新女性

青线线那个兰线线兰格茵茵地翠，

生下一个兰花花实实地爱死人。

五谷子那个田苗子数上高粱高，

二十三省的女儿哟，

数上那个兰花花好……

这首叫做《兰花花》的缠绵、凄婉的陕北民歌，诉说了一个令人心碎的故事：一位如兰花花般美丽的女子，却被包办婚姻葬送了青春。据说，这首忧伤之歌源于一个真实的故事。故事中的女主人公被迫与心爱的人儿分离，先嫁给了一个恶棍为妻。不久，这恶棍因抢劫杀人被处决，她又被一个富人家买去填房，因为受不了感情与肉体的折磨，很快便抑郁而终。这个故事，可以说是陕北妇女悲惨命运的一个缩影。

千百年来，妇女们终生都浸泡在苦水里，无情的岁月在她们的脸上镌刻着一道道深深的泪壑，苦难、疲惫，使她们过早地衰老、憔悴。在陕北，汉族妇女中流行着缠足的恶习，七八岁的小女孩，一双稚嫩的脚却要被一层又一层的绷带紧紧裹住，在扭曲中痛苦终生。等年事稍长，种种形式的包办婚姻又使她们成为家庭经济利益的牺牲品。婚后，她们迈着一双畸形的小脚，艰难地绕着灶台、磨坊旋转，操持家务，生儿育女，一生也难得跨出庭院的大门。这些缠足的妇女，同她们两千多年前的祖先一样，就这样一代一代、周而复始地重复着那单调枯燥的生活，接受教育和参加社会活动那更是连想都不敢想的事情了。

到了苏维埃时期，陕北的妇女开始组织起来了，从村到乡、区、县都建立了贫雇农的妇女代表会，在参军参战支援红军方面已初步显示了她们的力量。中央红军初到陕北时，几周内就在这人烟稀少的地区补充了2万名兵员，没有妇女的大力支持，那几乎是不可想象的事情。党中央到陕北后，陕甘苏区的妇女运动显得更加活跃。

——为了武装红军，从1935年10月到1936年10月，苏区妇女手工缝制了60万套军服。

——红军西征时，苏区妇女做布鞋70万双。

——直罗镇战役中，她们扭着小脚，赶着驴骡小车，运送伤员，再精心护理。

——经过土改，她们同男子一样分到了土地，经济上有了平等权利，并组织小组学习农活。

……

当然，由于苏区长期处于战争环境中，传统习惯又有根深蒂固的影响，妇女运动的深入发展受到了较大限制。陕北妇女真正脱离苦海，政治上获得自由民主，则是在边区政府成立之后。

边区政府成立后，为了把各阶层妇女群众团结与组织起来，扩大和加强抗战力量，决定建立更广泛的抗日民族统一战线的妇女组织。根据洛川会议精神和中央组织部颁布的《妇女工作大纲》的精神，边区党

60

委作出了《关于边区妇女群众组织的新决定》，决定改造和扩大原有的乡妇女代表会组织，在乡以上成立各界妇女联合会，"以基本群众为核心，实行广泛的统一战线，团结各阶级的妇女"。经过半年多的努力，大部分区、县都建立了各级妇女联合会。1938 年 3 月 8 日，在延安师范学校召开了陕甘宁边区第一次妇女代表大会，出席大会的有 18 个单位的 130 多名代表及各界来宾共约 200 多人。大会讨论通过了《陕甘宁边区妇女第一次代表大会宣言》和《陕甘宁边区各界妇女联合会章程》，正式宣告边区妇联成立，会员很快发展到 17 万人。此后，边区妇女组织不断发展、巩固和健全，到 1939 年，共建立了 19 个县妇联，2 个市妇联，119 个区妇联，616 个乡妇联；乡妇联下设妇女小组、生产组、识字班、放足宣传队等，从上到下，各级妇联都建立了定期报告制度、巡视制度和生活会议制度。1940 年时，会员增加到 28 万人。边区妇联成立后，始终领导边区妇女运动，在支援抗战，发展生产，保护妇女儿童权益，提高妇女地位等方面，发挥了重要的作用。

为了把妇女从传统的包办婚姻和各种陈规陋习下解放出来，1939 年 4 月 4 日边区政府颁布了《陕甘宁边区婚姻条例》，规定："男女婚姻照本人之自由意志为原则"；"实行一夫一妻制，禁止纳妾"；"禁止包办强迫及买卖婚姻，禁止童养媳及童养婚"；"禁止有直接血统关系者或患有不治之恶疾者结婚"等。同时还规定：凡具有感情不和、虐待行为等理由则可以离婚；

三　民主政治

61

离婚后，若女方未再婚，又无力维持生活时，归女方抚养的子女的生活费，由男方继续负担，至子女满 16 岁为止；男方亦须帮助不能维持生活的女方，至再婚时为止，但最多以 3 年为限。1944 年 3 月 20 日颁布的修正条例中，又重申了上述原则，并作了补充完善，这就为妇女争取婚姻自由提供了法律保障。在妇联的大力宣传下，有不少妇女勇敢地冲破旧式婚姻的藩篱，寻求平等幸福的家庭生活。一时间，"要求离婚的妇女多于男子"。大批未婚女子往往依靠法律和政府的帮助，挣脱包办、买卖婚姻的枷锁，组织起美满的家庭。然而，由于处在战争年代，传统势力又十分强大，彻底解决婚姻问题的条件尚不具备，包办、买卖婚姻和童养婚的事情时有发生。遇此情况，妇联就发动群众，进行批评斗争，把受害者解救出来，或为其争取较好的生活条件。

反对缠足是促进妇女迈出家门走向社会从而争取自身解放的一项重要内容。1939 年 8 月 1 日，边区政府颁布了《禁止缠足条例》，明确规定："凡边区妇女在 18 岁以下者，自本条例公布之日起，一律禁止缠足"，"凡边区妇女已缠足者，自本条例公布之日起，须一律解放"。违反上述条例者，将对其家长处以徒刑。能自动放足，并推动他人而起模范作用者，将给予奖励。在政府倡导和妇联的推动下，边区妇女掀起了放足运动。许多县区组织了放足突击委员会、放足突击队，大力宣传放足的好处，甚至还开展了放足竞赛活动。对阻止女儿、媳妇放足的家长或婆婆，一般先进行批评教育，屡教不改者则展开斗争。许多放足者现身说法，大讲放足的优点，使自愿放足者愈来愈多，逐渐形成了社会风气，缠足者渐趋销声匿迹。

摆脱了身心束缚的妇女们同男子一样享有受教育的权利，边区的各级学校都招收女生。截至 1939 年，边区小学女学生有 3400 多人，占在校生人数的 1/6。大批的劳动妇女参加了识字组、冬学、夜校的学习，据边区妇联在 1939 年春的统计，识 200 字左右的妇女已占全边区妇女的 1/10。女子教育逐渐从扫盲识字、素质培养、职业教育到干部培训，形成了一个初步完整的体系，使边区妇女的文化素质有了大幅度的提高。

妇女们一旦觉醒了，同样会爆发出巨大的热情与能量。边区的妇女刚刚从传统势力下解脱出来，便积极投入到了参选参政、生产自救和支援抗战的斗争行列中，并发挥了巨大作用。

在边区的历次普选中，广大妇女积极参加，认真行使自己的政治权利。从乡、区、县到边区一级，都有一定数量的妇女代表和女参议员。在第一次普选中，就有路志亮、高敏珍等 6 名妇女当选为边区参议员。第二次普选后，边区女参议员增加到 17 名，另有 167 名妇女当选为县参议会议员，2005 名妇女当选为乡参议会议员。在第三次普选中，有 70% 以上的妇女参加了直接选举。24 岁的女青年邵清华被选为安塞县县长，邵清华通过自己的努力工作，赢得了群众的称赞，安塞县百姓称她为"我们的好县长"。

在边区的生产事业中，妇女更是一股不容忽视的力量。由于大批青壮年走上前线，边区又遇到极大的经济困难，妇女们在生产方面的责任就尤其重大。1940 年 12 月，边区妇联在延安召开了第二次扩大执委会，通过了《关于动员边区妇女参加生产建设的决定》。朱德总司令在会上讲话，号召妇女积极投入家庭手工业、副业和畜牧业生产，推动边区的经济建设。广大妇女积极响应党和边区政府的号召，她们组织了锄草队、变工队，上山开荒种地，喂猪、养牛、牧羊，植桑养蚕，纺线织布。边区妇女在纺织方面的贡献最大，年不分老幼，地不论城镇乡村，从领导到群众，从干部到家属，无一例外地都卷入了纺织热潮中。从 1938 年到 1945 年，近 20 万妇女共纺纱 600 万斤，织布 46 万大匹（每大匹等于 2.4×10^4 尺）。如果把这些布铺在地上，将长达近 1.6 万公里。1940 年以后，边区军民的需用布约 1/3 都是由妇女们手工纺织而成的。在大生产热潮中，涌现出了 300 多名妇女劳动英雄和模范工作者。

为了保卫边区，为了抗战到底，广大妇女贡献出了最大的力量，作出了巨大的牺牲。为了保证前线有源源不断的兵员，边区妇女掀起了动员亲属参军的热潮。到处是母送子、妻送夫参军杀敌的动人景象，有些大姑娘还冲破旧习俗，亲自到婆家动员未婚夫参军，有的主动到婆家替入伍的未婚夫承担侍奉老人和劳动生产的责任，还有的则向未婚夫表示一定等他凯旋。抗战期间，边区动员了 3 万名青壮年开赴前线，这还是不完全的统计。

在后方，妇女们积极参加拥军优抗活动，她们成立义务代耕队、慰问队、缝衣队、洗衣队、救护队等，为子弟兵缝衣做鞋，洗涤浆补，又看护伤员，帮助抗属生产，照料他们生活。同时，妇女们还为军队碾米、磨面、炒干粮，保证前方的军粮供应。仅1947年，边区妇女就做成军棉衣3.4万套，棉被1万多床，碾米磨面共24.6万担。从1937年10月到1948年2月，边区妇女共为子弟兵做军鞋达92.8万双，捐献手套、袜子15万双。在战争年月里，许多妇女冒着生命危险掩护伤员，她们把伤员藏在山洞里、庄稼地里，当敌人发现时，就挺身而出认作自己的丈夫或儿子，宁肯牺牲自己或亲属也要保护伤员，这类可歌可泣的感人故事在边区举不胜举。不仅如此，妇女们还纷纷拿起武器，参加自卫军，站岗放哨，参加除奸活动，协助部队作战，指挥坚壁清野，掩护群众转移，运送军用物资，修筑作战工事，抢救公共财物，同男子一道肩负起保卫边区的重任。据1938年统计，边区女自卫军人数多达4.6万人，协助政府破获敌特汉奸案件100多起。

边区妇女的翻身史，既是陕甘宁边区民主政治的生动反映，也是中华民族妇女解放历史的真实写照。妇女们一旦敲响了封建奴役的丧钟，成为社会的主人翁，也就责无旁贷地担当起了历史赋予她们的责任。毛泽东曾说："妇女能顶半边天。"而近代中国妇女"半边天"的历史，在完整的意义上大概是从陕甘宁边区的新女性开始的吧。

四　司法典范

 边区的法律：民主·平等·公正

　　"法律面前人人平等"，这是现在人人皆知的一句常用语。但很多人却不一定了解，早在抗日战争时期，陕甘宁边区政府就已把它确立为人民民主司法制度的一项基本原则，并得到了深入的发展。

　　抗战初期，为了巩固和发展抗日民族统一战线，团结一切主张抗日和赞同民主的人们，集中力量打击日本侵略者，就需要在国内实行广泛的民主制度。与此相适应，法律制度也须向抗日民主的轨道转变，也就是说在法律上也应该保护一切抗日阶级和阶层的利益。当然，由于种种因素的制约，广泛的民主制度未能在全国范围内普遍施行。但在中国共产党的领导下，在特殊的环境里，陕甘宁边区却成了实施民主制度的典范。

　　不过，在边区政府成立之前，陕甘宁苏区实行的是工农民主专政。由于缺乏经验，也由于阶级斗争的残酷，再加上"左"倾思潮的影响，在法律上，苏区实施照顾和优待对革命有贡献者的政策。如《中华苏维埃共和国惩治反革命条例》第 34 条规定："工农分子犯罪而不是领导的或重要的犯罪行为者，得依照本条例各该条文的规定，比较地主资产阶级分子有同等犯罪行为者，酌量减轻其处罚。"第 35 条又规定："凡对苏维埃有功绩的人，其犯罪行为得按照本条例各该条文的规定减轻处罚。"很显然，这种同罪异罚的规定，在新的时期将不利于抗日民族统一战线内部的团结与稳固。因此，在边区政府成立之初，由于抗日民主法制尚未建立，便只好参照国民政府司法制度和苏维埃时代的一些司法规定去执行。1937 年 7 月 12 日，边区政府高等法院成立，开始在司法诉讼等活动中，执行有利于统一战线稳固的政策。对黄克功枪杀刘茜一案的审理，便成为这种转折的重要标志。

黄克功，江西南康人。少年时就参加红军，经历了井冈山斗争和万里长征的艰苦岁月，先后任红军某团支部书记、宣传科长、政治委员等职。到延安后，他先任抗日军政大学第 14 队队长，后改任六大队队长。刘茜，原名董秋月，山西定襄人，太原友仁中学肄业。时年 16 岁的她，"愤暴日侵凌，感国难严重"，毅然离校到西安，再步行 11 天，于 1937 年 8 月抵达延安，先入抗大 15 队学习。刘、黄二人隔壁相住。相识后，建立了恋爱关系。9 月初，陕北公学成立，抗大 15 队全体人员拨归公学。从此，二人接触日少，关系逐渐疏远。黄克功一再纠缠着要求结婚，使刘茜渐生反感，并婉转拒绝了其要求。10 月 5 日晚，黄约刘在延河边散步，再次提出结婚要求，遭刘断然拒绝。黄逼婚不成，遂拔出手枪，向刘茜连开两枪，刘惨死于河滩上。

案发后，黄克功虽曾毁灭证据，制造伪证，但边区保安处在不到 24 小时内还是侦破了此案。在确凿的人证物证面前，黄克功亦供认不讳。如何处置黄克功？边区内有不同看法，还引起了争论。许多人认为，黄克功目无党纪国法，惨杀革命青年，败坏边区的声誉，违反了边区婚姻法中自主的原则，又破坏了人民军队铁的纪律，罪不容赦，应处以极刑。也有不少人认为，黄虽年仅 26 岁，却已是老红军老党员了，他曾为革命出生入死，屡建功绩。值此民族危亡关头，正当用人之际，能否叫他戴罪杀敌，将功赎罪。黄本人也心存幻想，曾上书高等法院和毛泽东，意欲求得"从轻治罪"。而国民党《中央日报》则以"桃色案件"为题，攻击边区是"封建割据"、"无法无天"。

于是，此案能否做到在法律面前人人平等，人们议论纷纷。边区高等法院在董必武院长的主持下，严加办案，决定依法判处黄克功死刑，并将判决意见呈报党中央批准。毛泽东接到判决意见和黄克功的信后，立即召开中央政治局和中央军委会议，审查了边区政府的报告，同意高等法院的判决，并建议说：鉴于此案典型，为教育群众，望能在死者学校公开审判，并当众宣读毛泽东给审判长雷经天的复信，然后将黄克功依法处决。

10 月 11 日，在陕北公学大操场召开了数千人参加的公审大会。抗大政治部胡耀邦、边区保安处黄佐超、高等法院检察官徐时奎为公诉人，审判庭由审判长雷经天和抗大、陕公代表李培南、周一明、王惠之、沈新发 4 位陪审员及书记员任扶中共同组成。按照严格的公审程序，雷经天宣布开庭后，先由公诉人与证人陈述案件全部细节，检察官宣读公诉书，再经审讯被告，询问证人，群众团体代表发言辩论，最后当庭宣判："本庭判决凶犯黄克功，因恋爱问题而枪杀革命同志刘茜，经公审，处以死刑，立即执行！"雷经天又当众宣读了毛泽东的信，信中说："黄克功过去斗争历史是光荣的，今天处以极刑，我及党中央的同志都是为之惋惜的。但他犯了不容赦免的大罪，以一个共产党员红军干部而有如此卑鄙的，残忍的，失掉党的立场的，失掉革命立场的，失掉人的立场的行为，如为赦免，便无以教育党，无以教育红军，无以教育革命者，并无以教育做一个普通的人。……正因为黄克功不同于一个普通人，正因为他是一个多年的共产党员，是一个多年的红军，所以不能不这样办。共产党与红军，对于自己的党员与红军成员不能不执行比较一般平民更加严格的纪律。"

黄克功一案的审理，为萌芽中的抗日民主法制确立了平等的原则，改变了苏维埃时期法律在适用范围和量刑程度上的差异，实行了法律面前人人平等的基本原则。到 1939 年，边区即规定："公务人员犯法处罚比一般人民加重，党员犯法与一般人民相同，但要拘押时，党应宣布开除其党籍，如何处理则要征求党的意见。"1941 年颁布的《陕甘宁边区施政纲领》也规定，"共产党员有犯法者从重治罪"，此规定同样适用于非党的公务人员。这一切，都充分体现了无产阶级严于律己的精神。固然，从形式上看，上述规定似乎违反了法律面前人人平等的原则，因为 1942 年颁布的《陕甘宁边区保障人权财权条例》第 2 条明文规定，"边区一切抗日人民，不分民族、阶级、党派、性别、职业与宗教，都有言论、出版、集会、结社、居住、迁徙及思想信仰之自由，并享有平等之民主权利"。但从实质上看，则恰恰相反，因为党员和公务人员受党的教育时间长，应该有更高的政治觉悟，在各方面作群众的表率，成为遵纪守法的模范。同时，党员和公务人员懂得法律，负有维护法律尊严的责任，如果知法犯法，影响就更为恶劣。因此，对他们犯法从严治罪，正是实现法律面前人人平等的必要条件。另外，作为人民的公仆，党员和公务人员只有为人民服务的义务，没有犯罪免除或减轻处罚的特权。既然犯罪是孤立的个人反对统治关系的斗争，那么公务人员违反法律，就意味着公仆反对人民的统治权，受到比一般公民加重的法律制裁，也就是理所当然的。

不消说，在民主法制的问题上，限于当时的历史环境，执行中尚存在一些不尽如人意的地方。如前述规定党员犯法，"如何处理则要征求党的意见"；又如黄克功一案的量刑，虽经高等法院审理，仍要呈请毛泽东和党中央审批等。类似的规定和做法，就为以后党政系统干预司法工作开了先河，影响到司法机关独立审判权力的发挥。

为了确保"法律面前人人平等"这一原则的实现，边区司法采取最简便的诉讼程序，对当事人的诉讼权利不加任何限制，诉讼形式也听认自便，又免征任何诉讼费。在监狱和看守所中，所有犯人不论其出身如何，法律地位与生活待遇一律平等。在审判量刑上，一切抗日人民在适用法律上一律平等；一切公务人员与普通群众在法律面前一律平等。同时，尊重蒙、回等民族的信仰习惯，实行法律上的民族平等。

在陕甘宁边区的历史上，由于法制建设中坚持了民主与平等的原则，使边区的司法工作出现了欣欣向荣的景象，促进了民主政治的发展完善，从而得到了国统区与海外友好人士的高度赞扬。一位来自国统区的参观者在给边区高等法院的题词中写道："陕甘宁边区司法没有'法制小人，礼遇君子'的恶劣态度。"1938年初，世界学联参观团团长傅路德曾由衷地赞叹说："边区的司法系统中充满着平等与正义的精神。"

 "马锡五审判方式"

1943年3月，在甘肃省东部华池县温台区四乡封家园子，每当茶余饭后，村民们都交头接耳议论着封张婚姻案这一热门话题。

原来，早在1928年，由双方家长做主，封彦贵的女儿封捧儿年仅3岁就和张金才之子张柏儿订了"娃娃亲"。到了1942年时，乡间结婚聘礼不断增长。封彦贵见女儿渐渐长大，自己内心又贪图钱财，遂向张家提出解除婚约。5 月，他竟私下把捧儿许给另一张姓人家为妻，收取了对方的法币和银元。为此，张金才上告到县里，县司法处判决的结果是：买卖婚姻无效，撤销后一次婚约。

1943 年 2 月，封捧儿和张柏儿同去钟家喝喜酒。这个极偶然的机会，使两人得以相见，双方顿生爱慕之心，表示要自愿结合。3 月初，封父又将捧儿卖给庆阳县一个朱姓地主的儿子为妻。捧儿不甘作封建礼教的牺牲品，决定违抗父命，便暗中要张柏儿家抢亲。3 月 13 日深夜，张金才纠集同族子弟 20 余人，手持棍棒闯入封家，抢回了捧儿，准备拜堂成亲。封彦贵迅速上告，县司法人员不作调查研究，却偏听偏信封的一面之词，不但处罚了张金才抢亲的违法举动（张被判刑 6 个月），未追究控告者反复出卖女儿的不法行径，更错误地判决封张的自主婚姻无效。

不久，陕甘宁边区陇东专署专员兼高等法院陇东分庭庭长马锡五路过该村。封捧儿闻讯后，便拦路告状，她拉着马锡五到一棵大树下，详细诉说了事情的经过。马锡五听后，决定重审此案。他先询问当地干部，了解事情的来龙去脉，然后访问附近百姓，收集他们的意见和看法。最后，马锡五郑重征求当事人封捧儿的意愿，捧儿表示：死也要嫁张柏儿！

至此，全部事实已弄清楚，马锡五就在当地乡政府院里公开审理此案。他全面分析了案情，依据 1939 年 4 月 4 日公布的《陕甘宁边区婚姻条例》，果断支持封捧儿婚姻自主的大胆行动，宣布封张婚姻合法有效。同时，对张金才聚众抢亲妨害治安，封彦贵以女为物反复出卖的违法行为，也作了一定的处罚。

马锡五的判决，坚持了婚姻自主的原则，既成全了一桩美满姻缘，对有关人员的处罚也入情入理，当地干部群众无不点头心服，交口称赞。这消息不胫而走，很快传遍了整个边区。当年 12 月 20 日，边区参议会副议长谢觉哉听取了马锡五的办案经验和对司法工作的意见汇报后，赞赏地说："你不只是个好专员，还是个好审判员。"毛泽东也表扬了马锡五，充分肯定了其审判方式。1944 年 1 月 6 日，林伯渠在边区政府委员会第四次会议上作《边区政府一年工作总结》报告，指出："诉讼手续必须力求简单轻便，提倡马锡五同志的审判方式，以便教育群众。"3 月 13 日，《解放日报》以《马锡五审判方式》为题发表社论，论述了司法制度上的这一新创造。

"马锡五审判方式"，严格说来，并不单指一种司法审判方法，而是对马锡五办案风格的总称。它的产生有着深刻的社会基础和思想根源。

首先，边区的人民民主制度，必然产生与之相适应的人民审判制度。由于边区政权是人民革命的工具，法律是人民意志的体现，人民群众就拥有参与国家事务管理的一切权力；他们不仅是立法者，更是司法权的主人。抗日民主法制的进一步完善，就为人民群众参与法制建设和发扬司法民主开创了崭新的局面。边区政府不仅长期对人民群众进行了广泛深入的民主与法制宣传，提高了他们的觉悟，而且从制度上也作了规定：人民群众及其代表有提案权；各级司法机关负责人由人民代表选举产生；人民不但有权参加陪审、公审，组织人民法庭，还有用无论何种方式控告任何公务人员非法行为之权利。同时，边区政府颁布的《政务人员公约》也规定，公务人员必须"忠实施政纲领，贯彻法律、决议；公正廉洁，奉公守法；爱护群众，密切联系群众"。这一切，为人民群众登上立法、司法舞台，表现自己的智慧和创造才能提供了条件。这也是"马锡五审判方式"这枝奇葩得以芬芳吐艳的肥沃土壤所在。

其次，伟大的整风运动，摧毁了禁锢人们思想的教条主义精神枷锁，端正了思想路线，使各项工作面貌为之一新。广大司法干部深入群众，大搞调查研究，实事求是蔚然成风。有了这样坚实的思想基础，"马锡五审判方式"也就自然应运而生了。

最后，群众的智慧固然是"马锡五审判方式"产生的力量源泉，但马锡五的个人因素也是不容忽视的重要原因。1898 年，马锡五出生于陕北保安县（今志丹县）一个贫农家庭。1934 年，他参加了革命，次年入党。他曾参与创建陕甘苏区的斗争，历任中华苏维埃共和国陕甘省粮食部部长、国民经济部部长、陕甘省苏维埃主席。抗战爆发后，他担任陕甘宁边区庆环专区、陇东专区副专员、专员职务。1943 年又兼任边区高等法院陇东分庭庭长，开始从事司法工作。1946 年，在边区第三届参议会上，他当选为边区高等法院院长。他在从事司法工作期间，始终能相信群众、依靠群众，虚心向群众学习，"一刻也离不开群众"。他不仅深入基层，体察民情，重视调查研究，又善于总结经验教训，"能深入，能浅出，既细致，又自然"。一旦他把群众路线和党的优良传统运用到司法工作中，便取得了巨大的成绩，"民刑理案三千卷"，以至被边区人民称颂为"马青天"，成为司法战线上的一面光辉旗帜。

"马锡五审判方式"，作为新民主主义司法精神的产物，具有鲜明的特点：一是深入农村，调查研究，实事求是，了解案情；二是依靠群众，尊重群众，教育群众，依法合理处理案件；三是方便群众诉讼，审判不拘形式。马锡五在办案时，强调要走出法庭，深入基层，进行全面的调查研究。他认为，每个案件都不是孤立的，它在群众中发生，是非曲直，真假虚实，群众最了解，最有发言权。同时，他也指出，相信群众并不等于迷信群众。尤其在一些刑事案件上，群众毕竟不是法律专家，他们不熟悉侦察技术，有可能一时被罪犯造成的假象所迷惑，所以必须用科学的检察技术，加以审验，才能取得确凿的证据。马锡五也很重视吸收群众中有威望和能力者参与处理案件，特别是处理民事案件，这些人了解邻里关系、家庭纠纷的历史与现状，由他们去解释说服和排解纠纷，往往能弥补干部工作中的缺陷，又能促进团结。马锡五办案时，在符合法律精神前提下，以便利人民为原则，以务使群众满意为宗旨。或田间垄上，或村边炕头，无论早晚，群众随时都可找他拉话告状，真正做到了"民间的"，而不是"衙门的"，"替人民服务，而不是替人民制造麻烦"。

"马锡五审判方式"的产生，标志着边区司法工作进入了一个新阶段。一经推广运用，便显出了巨大的优越性。由于实行了司法民主，能准确、迅速、彻底地解决纠纷，上诉案件和缠讼减少，民刑案件数亦大幅度下降。1942年全边区共发生民刑案件1832件，1944年减少为1244件，下降了约1/3。这一审判方式，不仅使边区法制建设在群众中奠定了坚实的基础，也培养了大批优秀的司法干部，甚至在国统区也产生了强烈反响，被誉为"司法的新猷"、"作出了光辉可贵的成绩"。它的影响既深且远，至今仍为老区广大人民群众所赞叹、所思念！

五 经济举措

 **新经济政策：争取
外援，休养民力**

1936 年 12 月 5 日，西安事变爆发前夕，毛泽东曾
致书杨虎城将军，坦率表示：中国工农红军大会师后，
"部队骤增，无米难继"，"部队甚大，给养困难，弹药
亦待补充"。因此，"拟向兄处暂借 30 万元。除以 10
万元请兄处代购弹药外，20 万元作为给养被服费"，同
时保证"还期谨约明年 3 月，决不失信"。足见当时边
区经济之困难。

确实，当三路主力红军在甘肃静、会地区会师后，
中国革命终于又有了新的立足点，三军将士无不为之
欢呼雀跃。然而，当冷静下来，仔细审视脚下这块土
地时，又不能不为它的贫穷与落后所震惊，沟岔纵横
的黄土高原，人烟稀少，交通不便，旱涝不断，雹蝗
迭作，加之地主军阀的苛征暴敛，使这块人类文明的
发祥地变得饿殍遍野，满目疮痍。陕甘人民奋起抗争，
建立了自己的工农民主政府，深入开展土地革命，使

社会经济稍有好转。但因处于战争年代，经济建设颇受影响，故贫困的恶魔仍驱之不去。

因此，为保证边区成为抗战的指导中心和大后方，中共中央和边区政府从实际出发，不失时机地实行了一系列新的经济政策。其核心就是：争取外援，休养民力，发展经济，以支持长期抗战。

争取外援的途径主要有三：一是国民政府按月发给八路军的军饷粮米等，中共中央拨出其中一部分补助边区财政，称为"中央协款"。二是海内外进步人士的捐款。三是争取工商界到边区投资，发展边区的工商贸易。1937～1940年间，外援是边区财政收入的支柱。它在边区逐年财政总收入中所占比例分别为：77.2%、51.6%、85.8%、70.5%。这些外援，既使中共领导的抗日军队的经费有所保证，也为边区实行休养民力的财政方针奠定了基础。

与此同时，中共中央和边区政府又采取了许多休养民力的措施。在农业方面，为解决军队及公务人员的粮食问题，边区政府一面在群众中征收少量救国公粮；一面拨款采购粮食，或向地主、富农、中农以官价购买其余粮，或在西安、洛川按市价采购。这一时期，救国公粮实征数占收获量的比例是：1937年占1.24%；1938年占1.32%；1939年占2.98%；1940年占6.38%。正像农民所说的，这些公粮比起以前给地主纳租和受苛捐杂税盘剥后所剩无几的情况来，实在少得不算什么。在工商业方面，为了恢复经济，基本上不征收工商税，仅在1937年开始于定边设税务

78

局，征收一次性盐税与部分货物税，税率甚低。在边区外援被断绝、财政开支浩大、边区经济有所恢复的情况下，才逐渐重视税收，但税目很少，税率较低。另外，为了克服和纠正财政上的混乱现象，边区政府还建立了各级财政机构，统一并健全了财政制度，以求更彻底地贯彻"休养民力"的方针。

社会经济得到初步恢复后，边区政府又实行了一系列扶助工农业生产的措施，以促进边区经济的进一步发展。

在农业方面，首先，既照顾地主的适当利益，又保护农民的土地所有权。未经土改的地区，则保护地主土地所有权和债主的债权，惟须减轻佃农的租额及债务利息，政府对租佃及债务关系加以合理调整。其次，组织劳动互助，调剂农村劳动力。主要有组织"劳动互助社"、恢复民间变工队和扎工队、安置移民难民、动员妇女参加生产、改造懒汉二流子等。第三，实行开垦荒地，增产粮食，推广植棉，发展林业、畜牧业和副业生产，兴修水利等奖励政策。第四，组织军队垦荒屯田。1938 年秋，八路军留守兵团首先开展生产运动，改善了战士的生活。到 1941 年春，一二〇师三五九旅开赴南泥湾屯垦，使不毛之地变成了"塞北的好江南"；边区各部队也先后开始屯田。第五，因地制宜，提高生产技术。第六，不违农时和发放农贷。尽量不在农忙时开会、动员，借以节省人力畜力。边区政府发放扶助性贷款，以解决移民、难民、贫雇农无力耕种（如缺少农具、牲口、种子、资金等）的问题。第七，党和政府组织领导农户制订生产计划，开展生产竞赛和劳模运动，鼓励农民走劳动致富之路。

在工商业方面，主要采取了废除苛捐杂税、严禁私人垄断居奇、保护商人正当利益、奖励手工业生产、发展合作运动等措施，以便公营经济、个体经济、合作经济与资本主义经济多种成分并存，共同发展。为此，边区取消了以前的42种捐税，实行统一的税制。1939年底以前，政府仅对食盐、出口毛皮、药材征收统一税，其他货物一次性征税，税率很低。

新经济政策实施几年后，边区的生产得到了较大的恢复和发展。耕地面积由1936年的843万亩增加到1940年的1174万亩，增加了30%多。粮食产量大幅度增加，1937年为126万石，1940年增长到143万石。畜牧业、林业均有大幅度发展。在工商业方面，1939年工厂数量与资金额比1936年均增加了5倍以上。初步建立起了一定的工业基础，如重工业中的机器制造业、石油、煤炭、制盐业都有较大的发展。轻工业中纺织、造纸、药品、皮革及日用小商品生产等行业，也呈现出了欣欣向荣的景象。商业发展更为迅速，仅延安市一地，商户就由168家增加到297家，商业资本也大大增长。交通运输业、金融业等亦有较大的进步。相应地，农民生活有了显著的改善，由贫困户占绝大多数变为生活富裕的劳动户占多数，中农逐渐成为农村经济中的主要角色。工人的生活大为改善，工资比以前上涨了1倍左右，失业的现象很快消失。这一切，都为巩固陕甘宁边区，支持长期抗战奠定了一定的物质基础。

大生产热潮

1938 年 10 月，日军侵占武汉、广州后，抗日战争转入了战略相持阶段。日寇军事进攻的重心转向了中共领导的敌后抗日根据地，对国民党方面则采取了以政治诱降为主、军事打击为辅的策略，各根据地军民因此而承受着巨大的压力。二战爆发前后，由于英美绥靖政策的影响和日寇的加紧诱降，更由于仇视中共力量在敌后的发展壮大，国民党的内外政策也发生了重大变化。1939 年 1 月，国民党在重庆召开的五届五中全会即制定了"溶共、防共、限共"的政策，消极抗日、积极反共成了顽固派的头等信条。太平洋战争爆发后，日军在数月内几乎席卷了整个东南亚。为了应付太平洋战事，日军企图"以战养战"，把中国变成其后方兵站基地。于是，日寇在华北多次推行"治安强化运动"，疯狂"扫荡"抗日根据地，实施"三光政策"、"蚕食"、"清乡"与割裂封锁，并时刻谋犯陕甘宁边区。与此同时，国民党顽固派的反共气焰更加嚣张，他们断绝了边区的财政外援，又用 50 万大军围困边区，在边区的西、南、北三面构筑了五道封锁线，与东面隔河的日军防线相配合，几乎切断了边区与外界的一切联系。

遭受封锁围困的边区"孤岛"，经济陷入了困境。1940～1942 年，边区又连年遭到水、旱、风、雹等自然灾害的交相侵袭。尤其是 1940 年的灾情特别严重，受灾面积达429万余亩，受灾人口51.5万人，损失粮食47035石，为30年来所未见。不仅如此，抗战以来，大批热血青年冲破重重障碍，奔赴边区；为保卫边区，中共中央陆续从前方调回了一批部队，使边区脱产人数激增，1941年已达7.3万人，占到边区总人口的5%左右。由于战乱和灾荒，邻近地区的难民蜂拥而至，也大大加重了边区的财政困难。

天灾人祸，种种打击联袂而至，使边区军民陷入近乎绝望的困境。1941年春夏，青黄不接，群众啼饥号寒，遍地皆是，各县报灾与告急的文电如雪片飞来。实行供给制的机关单位和部队学校，也只能一天两顿喝稀饭，一年仅有一套单衣，两年才发一身棉衣。从最高首长到普通战士，无不是补丁衣服穿了又穿。毛泽东后来回忆说："我们曾经弄到几乎没有衣穿，没有油吃，没有纸，没有菜，战士没有鞋袜，工作人员在冬天没有被盖。国民党用停发经费和经济封锁来对付我们，企图把我们困死，我们的困难真是大极了。"

那么，出路何在？是"饿死呢？解散呢？还是自己动手呢？"

久经考验的中国共产党人绝不会向困难低头，他们带领边区军民义无反顾地走上了生产自救的艰苦奋斗之路，从而掀起了一场轰轰烈烈的大生产运动。

早在1938年春，八路军留守兵团保安警卫营的官兵就在驻地周围种菜、养猪、打柴、做鞋，部分地改善了部队的生活。党中央和边区政府及时总结了他们的经验，在留守部队和机关学校进行推广。1939年1

月17日，在边区第一届参议会上，通过了高克林、高长久等12人提出的工作人员参加生产运动的议案。毛泽东在会上响亮地发出了"发展生产，自力更生"的号召，林伯渠也强调，"扩大生产运动"，已"成为目前重要战斗任务之一"。2月2日，党中央在延安召开了生产动员大会，制订了年内开荒60万亩、增产粮食20%的具体计划。两天后，边区党委和政府下达了开展大生产运动的通知。不久，大生产运动的指导机关——陕甘宁边区生产总委员会成立，并在4月公布了《陕甘宁边区人民生产奖励条例》和《督导民众生产勉励条例》。不过，直到1940年，这种生产运动还主要以农业为主，其目标也只是解决一般的生活需要。这是大生产运动的初期阶段。

1941~1942年，边区形势急剧恶化，经济更加困难，小规模的农业生产已显然不能满足需要了。只有开展大规模的生产运动，建立自己的公营经济，才能从根本上解决边区军需民用的困难。1942年12月，毛泽东在西北局高级干部会议上，提出了"发展经济，保障供给"的方针，确定今后边区以建设为基本任务，"发展生产是一切工作的中心之中心"。随后，边区涌起了一股盛况空前的大生产热潮。

这时的边区，日夜都有动人的景象。黎明时分，东方刚刚露出一点鱼肚白，成群结队的人们，已荷锄扛镢上山了。登高一望，到处是挥汗如雨的垦荒者。山坡上，沟道里，红旗招展，镢锄飞舞；歌声、笑声、口号声、加油声此起彼伏，引得群山共鸣，飘向远方。

夜晚，沸腾的群山安静了下来，一孔孔窑洞的灯火却亮了起来，万家灯火与点点繁星交相辉映。"白天生产，夜晚工作"，几乎成了所有机关单位的常规；紧张、忙碌，是边区各部门的共同作风。

经过一年的苦干，边区一切公用生活资料和事业经费一半以上达到了自给，初步建立了公营经济的基础，为彻底解决财政困难，实行自给经济打下了基础。这是大生产运动收效显著的中期阶段。

1943 年，大生产运动已经深入发展到实现丰衣足食，建立革命家务的后期阶段。1 月 8 日，党中央召开直属机关和学校经济工作会议，李富春作了《丰衣足食，为改善物质生活而斗争》的报告，指明了本年度生产自给的目标。5 月，朱德提出"建设革命家务"的号召，要求把发展工业和公营经济摆到仅次于农业的地位。此后，大生产运动更有计划、更大规模地深入发展，波及边区的每个角落。

那时，边区从上到下，人人都给自己订有生产计划，几乎找不到一位脱离生产的特殊公民。毛泽东作为党的领袖，虽日理万机，也拿出部分稿费，与人合伙在杨家岭沟口开办了机关合作社，自己又开垦了一块菜地。周恩来摇起了纺车，朱德年近六旬背起了粪筐，林伯渠在边区政府新年墙报上公布了自己的四项生产节约计划，任弼时获得了中直机关和中央警卫团纺线比赛第一名。"首长负责，亲自动手"，大大激发了党政军学人员努力生产的热忱，起到了号召和示范的巨大作用。在这股热潮中，涌现出了无数个令人敬

佩的英雄人物，产生了许多可歌可泣的故事。1941 年
春，八路军一二〇师三五九旅喊着"一把镢头一杆枪，
生产自给保卫党中央"的口号，开进了荆棘丛生、虎
狼出没的南泥湾。他们白手起家，苦战两年，硬是用
汗水换来了牛羊成群、稻麦飘香的大好局面。朱德总
司令曾作《游南泥湾》诗以纪其事。

> 去年初到此，遍地皆荒草。
> 夜无宿营地，破窑亦难找。
> 今辟新市场，洞房满山腰。
> 平川种嘉禾，水田栽新稻。
> 屯田仅告成，战士粗温饱。
> 农场牛羊肥，马兰造纸俏。
> 小憩陶宝峪，清流在怀抱。
> 诸老各尽欢，养生亦养脑。
> 熏风拂面来，有似江南好。

在这翻天覆地的巨变的背后，潜藏着多少令人荡
气回肠的英雄业绩呵！战士王福禄左右开弓，手不停
梭，一天织布达 20 余丈。七一八团的班长李位，在垦
荒比赛中挥动 4 斤半重、7 寸口面的大板镢，每分钟落
地 48 次，11 小时开荒 3 亩 6 分 7。七一九团的刘顺义，
一天垦荒最高达 4 亩 1 分；同团的尹光普把纪录提高
到了 4 亩 2 分 8；最后，郝树才创造了 4 亩 4 分的日垦
荒最高纪录，被人称为"气死牛"……

大生产运动结出了丰硕的成果。农业方面，耕地

面积由 1941 年 1213.2 万亩增加到 1945 年 1520.5 万亩。粮食产量逐年上升，1941 年为 45.6 万石（1 石 = 400 斤），1944 年达 181.7 万石，实现了自给自足并有节余。棉花种植面积从无到有，且迅速增加，1941 年仅有 3.9 万亩，1945 年猛增到 35 万亩；1941 年产皮棉 100 万斤，1944 年产净花达 300 万斤，足供边区军民穿衣之用。畜牧业也有大幅度增长，1939 年边区有牛 15 万头，1944 年多达 22.3 万头；1943 年有驴 16.9 万头，1944 年上升到 18 万头；羊则由 192.3 万只增加到 195.4 万只，出现了六畜兴旺的景象。工业方面，能自行设计制造机器，研制出了黄色炸药，用马兰草造纸等，在各行业上都有创造性的贡献。公营工厂发展到 70 多个，包括纺织、被服、造纸、印刷、肥皂、陶瓷、炼铁、石炭等行业。私营工厂也有较大发展，1943 年仅纺织厂就达 50 个，年产布一两万匹。商业也呈现出繁荣兴盛的景象，仅延安市的私营商户，在 1942 年就有 370 家，1941 年时有公营商店 60 余家。

　　大生产运动的开展，使边区克服了严重的财政经济困难，粉碎了日伪和国民党的封锁，减轻了人民的负担，锻炼了军队和干部，密切了党群关系，稳定了社会秩序，巩固了边区政权。同时，也为各个抗日根据地提供了丰富的经验，为争取抗战胜利打下了坚实的基础。它所培育的"艰苦奋斗"、"自力更生"的延安精神，更是恩泽后世，至今仍成为我们建设社会主义的宝贵财富。如果人间有什么奇迹，这才真正是"中国历史上从未有过的奇迹"。

精兵简政

党和政府在领导边区人民开展"生产自救"运动的同时，还实行了一个极其重要的政策。这就是李鼎铭等人提出的著名的"精兵简政"政策。

1941 年 11 月 6 ~ 21 日，陕甘宁边区第二届参议会第一次会议在延安召开。会议就边区的政治、军事、经济、文化建设进行了热烈讨论，提出了大量提案。边区政府副主席、无党派人士李鼎铭等 11 人提出的"精兵简政"提案尤为引人注目。该提案被列为大会总提案的第 81 案，其原文如下。

提案：政府应彻底计划经济，实行精兵简政主义，避免入不敷出，经济紊乱之现象案。

理由：军事政治之建立，必须以经济力量为基础。在今日人民困苦，资源薄弱之状况下，欲求不因经济枯竭而限制军政发展，亦不因军政发展而伤害经济命脉，惟有政府彻底计划经济，实行精兵简政主义，量入为出，制定预算，以求得相依相助，平衡发展之效果。

办法：一、政府应根据客观物质条件及主观经济需要而提出计划经济，以求全面提高生产力，改善经济条件，加强经济基础。二、在现有经济基础上，政府应有量入为出的统一经济计划。三、在财政经济力量范围内和在不妨碍抗战力量条件下，对于军事应实行精兵主义，加强战斗力，以兵皆能战，战必能胜为原则，避免老弱残废滥竽充数等现象。对于政府应实行简政主义，充实政府机构，以人少事精，胜任职责为原则，避免机关庞大，冗员充塞，浪费人力、财力等现象。四、规定供给条例，避免不必要的供给与消耗。五、提倡节约、廉洁作风，避免不应有的浪费现象。

边区参议会认真审议了该提案，进行了激烈的争论。有的议员说："正值抗日救国紧急关头，敌人以大量兵力向我们进攻，这时提出精兵简政，不是叫我们束手就擒吗？"甚至有人怀疑这一提案的动机不良。但是，大多数议员认为提案切中了边区的许多要害问题，是具有远见卓识的主张。表决结果，以165票（到会议员209人）的绝大多数通过，并决议"交政府速办"。

毛泽东在审阅参议会文件时，立刻被李鼎铭的提案吸引住了，击节赞赏之余，他马上一字一句地抄在了自己的笔记本上，并批注道："这个办法很好，恰恰是改造我们机关主义、官僚主义、形式主义的对症药。"他亲自找李鼎铭谈话，进一步征求意见。此后，经中共中央专门研究讨论，于1941年12月17日发出指示，"为进行长期的斗争，准备将来反攻，必须普遍地实行'精兵简政'"。次年9月7日，毛泽东为《解放日报》写了《一个极其重要的政策》的社论，称赞精兵简政是各根据地"克服物质困难的一个重要的政策"。12月，毛泽东在《经济问题与财政问题》的报告中，进一步阐明了精兵简政的目的与意义，即"必须达到精简、统一、效能、节约和反对官僚主义五项目的"。在实践中。精兵简政成为各抗日根据地实行的十大政策之一，紧排在"对敌斗争"之后，被列为第二大政策。

第二届参议会刚刚结束，边区的精兵简政工作就拉开了帷幕。11月27日，边区政府举行首次政务会议，决定成立编整委员会，以刘景范任主任，周兴、周文、高自立、南汉宸为委员，负责拟定人员编制和编整计划，精减、裁并各级行政机构。12月3日，边区政府发出训令，确定边区级各机关应减去人员（包括干部和杂务人员）1/3～1/4，各厅、处、院应重新确定编制。凡调整出来的人员，由编整委员会计划安置，务必使人人各得其所。

12月上旬，边区政府召开了第二次政府会议，讨论了编整实施方案，规定：边区政府一级各厅处院原有千余人，缩减1/3；各处附属机构约7000余人，缩编后不超过6300余人；各专署、县、区由4021人缩编为3396人；警卫部队缩减500人；原属脱产人员的自卫军官兵1000余人，改为不脱产人员；各群众团体由1100人缩编为600余人。同时，八路军留守兵团将3000人适当地转到生产战线上（不脱离部队），又积极提高部队质量，力求各方面完全正规化，以贯彻精兵原则。

第一次精兵简政，重点为缩编人员，历时4月余，至1942年4月初基本完成。边区政府系统共缩减各类人员1598名，占原有人数的24%，其中300多人下移到县、区机构工作，其余送去学习或转入生产领域。同时，裁并了一些骈枝机构，斟酌修改了一些部门的名称，取得了初步成绩。

不过，第一次编整，因时间短促，许多人对精简的重要性认识不足，因而只做到了"编"而未有切实的"整"。机构还未臻完善，人员未达到合理调剂，机关工作效率不高，人浮于事、政令繁杂、部门关系散乱的现象依然如故。为此，边区政府决定进行第二次精简。

1942年4月初，边区政府召开第二次政府委员会议，决定普遍实行整编。会后，成立了林伯渠为主任，李鼎铭、李富春、叶剑英、谢觉哉、陈正人、萧劲光等任委员的总编整委员会，以加强领导。6月30日，边区政府第26次政务会议讨论通过了《陕甘宁边区政府系统第二次精兵简政方案》，决定在紧缩机构和人员的同时，着重建立边区政府的工作制度，提高干部素质和适当充实下级（尤其是县政府一级）。

边区政府各单位，根据上述原则分别进行了内部的整编工作，采取了"紧缩上级，加强下级，政、事分开，合署办公"等办法，缩减了一些机关和人员，加强了县政府的权限，健全了区乡政府的组织。但这一次精简的人员，大部分又充实到了基层，实际上精简的并不多。同时，仍有部分干部认识不足，推行不力，本位主义、太平观念、粗枝大叶的工作作风仍然存在，精简工作远没有达到完全目的。

1942年9月，边区开始了第三次精简。实施之前，中共中央与边区政府用了3个月的时间，作了充分的组织、思想和宣传工作。12月上旬，边区政府委员会第三次会议通过了《陕甘宁边区简政实施纲要》，次年3月公布执行。《陕甘宁边区简政实施纲要》对第三次精简的目的、任务、机构、人员制度、作风、实施方法、注意事项等提出了明确要求。为贯彻实施《陕甘宁边区简政实施纲要》，边区政府还制定与颁布了一系列有关的组织措施和条例，如《陕甘宁边区政纪总则》、《县政府组织暂行条例》、《区以上政务人员公约》、《简编方案》等。

经过一年的努力，第三次精简到1943年底基本结束，大致实现了《陕甘宁边区简政实施纲要》规定的目标、任务和要求。同年12月24日至1944年1月10日，边区政府委员会第4次会议举行，李鼎铭作了《边区政府简政总结》的报告，对这次精简作了高度的总结评价。

陕甘宁边区通过三次精兵简政，出现了"兵精粮足以胜敌，政简负轻而安民"的新局面。首先，精兵方面暂停了正规军的发展，加强了地方武装和不脱产的民兵，使部队人数控制在边区总人口的2%以内。裁汰老弱，加强训练，使军队更加精干灵活，官兵军政素质大为提高，战斗力不但未减弱，反而更加强了。其次，简政方面基本实现了"精简、统一、效能、节约和反对官僚主义"的5项目的。党和边区政府精简了业务、机构、人员，调整了干部。边区政府各厅处院内部机构裁并了1/4，直属机关由35个减到22个，税局、税所由 95 个减至 65 个；专署和县府内部机构一般由八九个减至四五个，避免了"头重脚轻"的积弊，达到了"政简民便"的目的。同时也加强了统一领导，提高了工作效率，节约了经费开支，改变了过去机构臃肿、人浮于事、纪律松弛、"政出多门"、文牍如山等恶习，"从上到下，'官僚'少了，人民勤务员多了"。第三，通过精兵简政，减轻了人民负担，促进了生产的发展。以动员民力为例，延安在 1941 年动员了 6 万人，1942 年降到 2.8 万人，减少了 52.4%；绥德 1941 年动员民力 7.5 万人，1942 年骤减到 900 人，减少了 98.8%。由于群众负担减轻，可以全力投入生产，同时期的大生产运动就取得了丰硕的成果。1943 年粮食总产量达 184 万石，棉花与日用工业品也有较大增长，实现了自给和半自给。第四，更重要的是领导机关与干部克服了官僚主义，纷纷深入基层，调查研究，了解民情，改变了领导作风，改善了干群关系、军民关系和军政关系，使党的优良传统与作风更加深入人心，边区军民的凝聚力更为强固，为取得抗战的胜利奠定了坚实的基础。

劳动英雄的时代

几千年来，那些双手长满老茧、浑身散发着汗臭味的庄稼汉和苦工们，一直被压在社会的最底层。他们面朝黄土，终岁勤劳，仍免不了过着啼饥号寒、借贷度日的悲苦生活。除了温饱，其他连想也不敢想，更遑论梦想成真了。

然而，20世纪40年代，在中国共产党领导下的陕甘宁边区，劳动者们却实现了他们千百年来的梦想，他们不仅有自己的土地、丰收的粮食、成群的牛羊，还获得了从未有过的尊敬与荣耀。

吴满有的老家在陕北横山县，1928年的大饥荒中，他逃难到了延安县，后定居于柳林区吴家枣园村。最初，他一贫如洗，为了糊口，不得不卖掉了年仅3岁的女儿。平常，他以扛长工打短工为生，抽空上山砍柴；租种地主的土地，交过地租后所剩无几，终年过着饥寒交迫的生活，以至妻子被活活饿死。1935年冬进行土地革命时，吴满有分得了一座山，约有70多垧土地（1垧约等于3亩），他的生产积极性一下子被激发了起来。在8年间，他带领全家人努力耕种，又饲养牛羊鸡猪，种植果树，用柳条编筐，积极经营农林牧副业，光景一年比一年好。到1942年，吴家已有5头牛、2匹马、1头驴、200只羊，雇长工、牧童各1人；种地77垧，收粮42石，成了劳动致富的典型。

翻了身的吴满有没有忘记党和边区政府。他拥护政府各项政策，拥军优抗，积极缴纳公粮，热心帮助移民难民进行生产。由于各方面都起了模范带头作用，他被评为边区第一名农业劳动英雄。他的事迹被广为传颂，他的肖像与边区领导人肖像一起悬挂在许多公共场所。

赵占魁是延安温家沟农具厂的一名翻砂工，他以吃苦耐劳、埋头苦干、爱厂如家等优秀品质和先进事迹，连续几年获得甲等劳动英雄光荣称号，成为工业战线上的一面旗帜。中共中央还专门作了《向赵占魁学习，开展赵占魁运动的决定》，号召边区工人向赵占魁学习。延安县的刘建章因创办经营了著名的南区合作社而成为合作社英雄；十掌村的崔岳瑞由于带头改变了村中的社会风气而成为反迷信英雄。此外，还有安置移民英雄冯云鹏，办义仓英雄刘清益，兴水利英雄马海旺，部队生产英雄李位、郝树才，等等。其中有不少女劳动英雄如马杏儿、郭凤英、张芝兰、刘桂英等，举不胜举。

这真是一个英雄辈出的时代啊！

英雄源于群众，产生于伟大的时代。边区的民主制度从根本上保障了劳动群众当家做主的权利，边区政府实行的各项经济政策更为极大地调动劳动群众的生产积极性创造了有利条件。边区政府还采取了各种方式，扶助、引导和鼓励劳动者走富裕之路，在全边区掀起了一场开展劳动竞赛、人人争当生产英雄的群众运动。

早在1938年，边区政府就举办了工人制造品竞赛展览会，奖励并宣传了一批先进工厂、合作社及生产英雄。次年4月，又颁布了《边区人民生产运动奖励条例》和《督导民众生产勉励条例》，并在1939～1940年，连续举办3次工农业产品展览会，表彰奖励了一大批英雄模范人物。劳动英雄运动由此逐渐深入到社会的各个领域，先进集体与模范个人层出不穷。

1943年11月26日至12月16日，边区政府举行了首届劳动英雄与模范工作者代表大会。这是边区历史上首次盛况空前的劳动者的"群英会"。

会场设在宝塔山下的一片平地上,四周红缨枪林立,彩旗飘扬。主席台前排列着吴满有、申长林、冯云鹏、赵占魁、郭凤英等劳动英雄的大幅肖像。参加大会者约 3 万余人,大家身穿崭新冬装,个个精神抖擞,意气风发。方圆 30 里以外闻讯赶来的农民,多达千余人。锣鼓声喧天,秧歌队随处可见,气氛热烈而又庄严。

当胸佩红花的英雄从城内走出来,离会场还有半里地时,便响起了雷鸣般的掌声。群众簇拥着英模们走进了会场。

边区党政军领导人朱德、贺龙、林伯渠、李鼎铭及晋绥行署主任续范亭等出席了大会,并分别讲话。林伯渠主席详细报告了边区"丰衣足食"的情况,续范亭则生动风趣地赞扬了边区生产运动的成就。与此同时,边区还举行了第三届生产展览会,展出产品6596 件、图表和照片 1987 张。

毛泽东虽没有出席大会开幕式,但他在 11 月 29日下午把全体英雄请到了杨家岭的中央礼堂,同朱德、刘少奇、周恩来等中央领导同志一起接见、宴请了各位英雄,并作了《组织起来》的著名讲话。12 月 9日,毛泽东参观了生产展览会,又专门找来吴满有等17 位劳动英雄座谈生产经验。

大会对劳动英雄及模范工作者的奖励数额亦颇为可观,25 名特等劳动英雄各奖现金 3 万元,34 名甲等和 8 名乙等劳动英雄，各分别奖现金 2 万元和 1 万元；5 个模范村各奖耕牛 1 头。所有参加大会的劳动英雄，都由边区政府颁发了有毛泽东、朱德、贺龙、林伯渠、李鼎铭等高级领导人亲笔题词的奖状。大会还通过了《陕甘宁边区第一届劳动英雄代表大会宣言》，要求边区的工人、农民、战士、机关干部和学校师生进一步组织起来，向模范和英雄人物学习，努力生产，为建设边区和坚持抗战作出新的贡献。

1944 年，边区政府决定在更大范围内开展劳动竞赛运动和奖励劳动英雄的活动。该年底到次年初，又举行了一次规模更大的劳动英雄盛会，使劳动英雄运动发展到了高潮。

在不断的实践中，党和政府也不断总结经验，提出新的口号和要求，从而保证劳动英雄运动一浪高过一浪，成为边区工农业生产和其他各项工作发展的巨大推动力量。而事实上，榜样的力量是无穷的，劳动英雄在边区各项工作中确实发挥了巨大的表率作用。1945 年 1 月 10 日，毛泽东在第二届劳动英雄代表大会上作的《必须学会做经济工作》的报告中，把劳动英雄的作用归结为三点，即带头作用、骨干作用和桥梁作用。

劳动英雄的这种作用，首先是因为他们有着强烈的主人翁责任感，对党和政府的政策理解得透彻，并率先实行，自然就成了群众的核心和带头人，并享有很高的威望。举凡办义仓、合作社、学校，成立识字组、冬学，发动妇纺，学新法接生等，只要劳动英雄带头，群众就会立即响应。其次，劳动英雄生活于群众中间，又经群众选出，所以他们最了解群众的要求与愿望，堪为广大群众的代表。他们不仅是政府的最有力帮手，而且又都是把政府发展生产等政策具体化的人，许多英雄还善于结合实际，把政府的法令向群众通俗解释，使群众更易于理解与执行。群众有什么意见要求，英雄们往往能最先了解，可及时向上反映，促成政府法令政策更切合实际、更完善和更具体，从而在政府与群众之间，起到了上下沟通的桥梁作用。如绥德县吉镇区的王家坪，出了一个劳动英雄王德彪。他号召、组织村民成立了开荒队、砍柴队，建立了妇女合作社，又组织妇纺、拾谷楂，倡导植树，发起成立读报组、冬学，办起了黑板报，成立了"拥军处"，创造出一个全新的王家坪。该乡的崖马沟、张家峰两村，也以王家坪为榜样，积极行动起来。王德彪曾颇有感触地道出了王家坪成为模范村的"秘密"，他说："一切工作只要给老百姓宣传通，只要他们解下了（解音 hāi，"解下"为陕北方言，弄明白之意），就像水壕里的水一样，顺溜溜的就走了。如果老百姓不愿意，我一定不做！"又说："只要群众都不反对，愿意做才能做好。"

边区劳动英雄运动的开展，既显示了党和政府领导经济工作的才能，显示了党和政府经济政策的威力，也从一个侧面反映了边区人民的精神风貌。正是在无数劳动英雄的带动下，广大群众积极奋发，才有了生机盎然、蓬勃向上的边区新貌。党政军民因此而凝聚成一个坚固的集体，最终战胜了重重困难，迎来了胜利的曙光。

六 文化嬗变

 奖励自由研究

抗战时期，身在国统区的文化巨人郭沫若，曾把延安及各解放区称为"新的时代，新的天地，新的创世纪"。确实，相对于国统区的旧而言，边区在各个方面都向人呈现出一种"新"的风姿。单就科学研究与艺术创作而言，陕甘宁边区本身似乎就是一个自由广阔的百花园，五彩缤纷的鲜花在这里竞相开放，争奇斗妍。这种局面的形成，自然是多种因素作用的结果，而"奖励自由研究"的政策，却不能不说是一个最重要的因素。

说起"奖励自由研究"，人们立刻就会想到1941年5月1日发布的《陕甘宁边区施政纲领》。它在第14条明文提出："奖励自由研究，尊重知识分子。"紧接着，6月7日的《解放日报》就以"奖励自由研究"为题，专门发表社论，再三强调："必须提倡勇于追求真理而不顾忌一切因袭教条的作风"，"必须提倡自由独立的研究作风"，"必须把自由研究的风气大大的开展起来"！奖励自由研究的政策的存在，显然是毫无疑问的。那么，它又是在什么样的背景下出现的？又由谁去研究？研究什么？怎样研究？这却需要认真考察一番。

陕甘宁边区在历史上地瘠民贫，经济文化十分落后，文盲占99%左右，土生土长的知识分子可谓凤毛麟角。党中央和工农红军长征到达陕北，也为黄土地带来了一批在党政军中担任中高级职务的知识分子，但他们的人数实在太少了。边区政府成立前后，也曾大力发展文教事业，但毕竟尚处于普及文化知识的初级阶段，与专门化的科学研究还有一段非常遥远的距离。另一方面，如前所述，全面抗战爆发后，抗日烽火四起，边区这块黄土高原上的红色根据地，成了革命的圣地和抗战的指导中心，向外散发着超强的吸引力。在民族危亡的关头，不知有多少优秀的中华儿女，满怀着赤诚的爱国热情，向往光明，追求真理，他们纷纷从敌占区、国统区及海外潮水般的涌向延安。当时，全国除西藏、青海外，各省市数以万计的知识分子、爱国青年和仁人志士，以及越南、印尼、缅甸、泰国、菲律宾、新加坡、马来亚、加拿大、巴拿马等国大批的爱国华侨，为拯救中华民族于水深火热之中，冲破日寇与国民党顽固派的重重封锁和阻挠，来到边区献身于抗战事业。一时间，延安的知识分子急剧增长，各类专门人才济济一堂。这与边区狭小的面积、极端困难的物质生活条件、稀少的人口形成一个鲜明的对比，从而形成了一种令人惊奇的社会文化现象。

　　群英荟萃革命圣地，也向中国共产党人提出了一个亟待解决的问题，那就是适时制定出符合现实需要的新的知识分子政策。鉴于土地革命时期，许多地方政府和军队对待知识分子的错误态度给中国革命造成了严重损失的历史教训，中国共产党早在抗战爆发之前就已开始转变观念，逐渐形成了"没有知识分子的参加，革命的胜利是不可能的"战略观点。毛泽东就曾提出，中国革命需要两支军队，一支是拿枪的军队，一支是文化的军队，而后者更是"团结自己，战胜敌人必不可少的一支军队"。由于中共深刻认识到了知识分子是革命的财富，便在行动上有了自觉的体现。1939年12月1日，中共中央适时发出了由毛泽东起草的《大量吸收知识分子》。随后，中宣部、中央军委、八路军总政治部也陆续发出了内容相近的指示和文件，要求各级党组织和党员干部要把重视知识分子问题当做"转变与创立特区为抗日民主的模范"区域的战略任务来抓。同时，要求尊重知识分子和各种文艺人才，从上到下纠正工农干部中长期积淀起来的对知识分子的轻视态度和种种偏见；必须克服一切困难，为来边区的知识分子创造良好的生活与工作条件，以利于他们充分发挥自己的专长和创造才华。

　　由于边区党和政府以海纳百川的开阔胸怀，创新开放的恢宏气度，采取了兼容并蓄的政策，使一切进入边区的文化人不至于感到生活工作没有出路，使他们不至于产生忧郁、苦闷和彷徨的情绪。不可否认，那些初到边区的文化人，虽然有着强烈的爱国热忱和革命愿望，也不乏高水平的专业知识与专门技能，但就其世界观而言，绝大多数人还是小资产阶级和资产阶级的，"从亭子间到根据地，不但是两种地区，而且是两个历史时代"。在未和新的群众结合之前，他们大多数人仍保留着一套旧的思想感情和生活习惯，甚至一言一行都和边区群众显得格格不入。为此，党和政府教育各级干部，首先要肯定，这些知识分子能够抛弃外面较优良的生活条件，来到边区与广大人民群众一起艰苦工作，本身已属难能可贵。其次，这些知识分子的世界观固然需要改造，对他们也需要进行马列主义的启蒙教育，以便更好地为民族革命斗争服务，但这需要一番潜移默化的工夫，急躁是不能成功的。最后，对于这些外来的文化人及专门家，必须在尊重的前提下，尽力帮助发展其所长。对于青年知识分子，边区一律给予学习深造的机会，并帮助他们找到工作。同时，对于文化人自发组织的各种群众学术团体和文艺组织，只要不违反边区政府法令，政府即予以登记，使之取得合法地位。对其活动，政府一律不加干涉，并采取种种措施，鼓励和扶植有利于抗战、有利于社会进步的组织，促使其发展壮大。因此，在边区和延安，大批群众性的文艺组织和学术团体如雨后春笋般破土而出，几乎所有的门类，每一位文化人，乃至某一门艺术的爱好者都有了自己的组织。在生活上，有关部门也规定，对于专门人才应在"物质上给予特别待遇"。中共中央书记处和陕甘宁边区政府以"尊重知识分子，提倡科学知识"为原则，曾分别制定了《文化技术干部待遇条例》和《技术人员待遇标准》。条例中规定：根据文化技术干部的资历和实际能力、现职和年限，分为甲、乙、丙三类待遇，其中甲类每人每月发给津贴费 15 元至 30 元，伙食由小灶供应，给单间住宿，每年发给特制军、棉衣各一套，在配备勤务员及乘马等方面，亦尽量提供便利。当时中共中央政治局委员每月才只有 10 元津贴费，可见尊重知识分子、提高知识分子待遇的政策，并不是喊在口上，而是确切落到了实处。总之，党中央与边区政府对知识分子实施了政治上充分信任、工作上放手使用、生活上关心照顾的政策，以充分发挥他们的才能与特长。由此，边区形成了一种丰富多彩的文化阵容和宽松、和谐、开放的管理体系，体现了共产党人特有的博大的包容性和广泛的接纳性。

中共中央和边区政府之所以要实施"提倡科学知识"、"欢迎科学艺术人才"和"奖励自由研究"的政策，一方面是为改进边区农业和工业的生产技术，发展生产，增强抗战的物质基础；另一方面是为扫除迷信、愚昧、落后的思想和不卫生的习惯，提高人民大众的政治觉悟和文化水准。艺术则是通过感人的形象，忠实地反映人民大众丰富多彩的生活，同样会给人民以新的启示、教育和鼓舞。但科学的发展，艺术的繁荣，是与健康的民主生活和自由研究的空气分不开的。从这个意义上讲，没有民主，就没有科学；没有自由，也就没有艺术。由于"民主政治是发动全民族一切生动力量的推进机"，而边区的民主政治堪称当时国内一流，因此，边区的文化及其他方面的民主才得以充分地发挥。同时，文化民主又为政治民主准备了精神武器，使民主精神渗透到了边区人民生活的一切方面，造成了上下一致、军民一致、团结合作、生动活泼的新局面，边区成了中国抗战、团结、进步的旗帜，成了模范的抗日民主根据地，成了举世闻名的民主圣地。在民主、宽松的环境里，知识分子们焕发出了活跃的生命力和创造力，其政治思想、道德风尚、心理素质都发生了深刻的变化，他们的主体精神、人格力量与自我意识得以高度张扬，参与意识及实践创造意识更是前所未有。高度民主的空气，自由宽松的环境，为知识分子大展身手提供了良好的外部条件，知识分子享有的充分的身心自由和人格张扬，更为他们创造了极好的内部条件，这二者的有机结合，便使他们爆发出了空前的创造能量，结出了丰硕的成果。

在文学艺术方面，早在 1936 年 11 月 21 日，陕北苏区就成立了中国文艺协会（简称"边区文协"），被毛泽东称赞为"是近十年来苏维埃运动的创举"，"过去我们都是干武的，现在我们不但要武的，我们也要文的了，我们要文武双全"。1937 年 11 月 24 日，在延安又成立了陕甘宁地区文化界救亡协会（简称"延安文抗"）。"边区文协"具有更广泛的群众性，包含有社会科学、文学艺术等方面数十个团体。1939 年 5 月 14 日，中华全国文艺界抗敌协会延安分会成立。"延安文抗"是与"边区文协"并行的一个文艺团体，在领导延安文艺运动中起了很大作用。此外，1938 年 1 月

9 日成立的"边区音协",1939 年 2 月 10 日成立的"边区剧协"、"边区美协"等专业性协会,虽属文协领导,但都有相对的独立性。它们组织创作,观摩演出,举办展览,创办期刊,开办讲座,进行辅导、评奖等活动,内容甚多。戏剧团体中以"人民抗日剧社"与"抗战剧团"为最早。党中央长征到陕北后,首先创建了列宁剧团,后改称西北工农剧社和人民抗日剧社,它们演出的《亡国恨》、《侵略》、《丰收舞》等剧目,曾远近闻名。1937 年 8 月,人民抗日总剧社(领导中央剧团、平凡剧团、青年剧团等)更名为抗战剧团,演出的《放下你的鞭子》、《消灭汉奸》等,影响颇大。1938 年 8 月 12 日成立的"西北战地服务团",在丁玲等人率领下,跋山涉水,顶风冒雪走遍了延安及晋察冀边区的 16 个县市 60 多个村庄,行程 3000 余里,与人民水乳交融,播下了革命文艺的种子。部队机关组建的"烽火剧团"、"边保剧团"、"联政宣传队"等,演出的《刘顺清》、《张治国》、《徐海水锄奸》、《沁原围困》等剧目,曾多次受到表彰奖励。其他如民众剧团、西北文艺工作团、延安杂技团、延安平剧研究院、延安青年艺术剧院等单位,都有一定的影响。

自毛泽东《在延安文艺座谈会上的讲话》发表后,文艺工作者深入生活,面向群众,创作了大批优秀作品。诗歌方面的街头诗运动,曾经开风气之先。柯仲平的《保卫我们的利益》、田间的《假如敌人来进攻边区》、高敏夫的《边区自卫军》、张季纯的《给我一支枪》等,都充分发挥了匕首、投枪和号角的作用。长篇叙事诗则有柯仲平的《边区自卫军》和《平汉路工人破坏大队》、李季的《王贵与李香香》。散文、特写、报告文学、短篇小说方面的成就，更是不胜枚举。长篇小说则有著名的《种谷记》（柳青）、《高乾大》（欧阳山）、《暴风骤雨》（周立波）、《太阳照在桑乾河上》（丁玲）等。

以延安为中心的陕甘宁边区，是自由的天地，人们呼吸着自由的空气；也是欢乐的圣地，人们高唱着欢乐的歌声。这里荟萃了全国大批著名的音乐家，如冼星海、贺绿汀、吕骥、郑律成、李焕之、马可、麦新、张寒晖、李劫夫、王莘、周巍峙、孟波、时乐濛、安波、金紫光、刘炽、向隅、任虹、李伟、李凌、李鹰航、杜矢甲、彦克、梁寒光、卢肃、瞿维、李德伦、谌亚选、关鹤岩、岳松、彦军、刘烽、姜丽山、高田、航海、王元方、曾刚、季作桂、马倬、王焱、梁文达等。他们创作的许多歌曲，雄壮有力，情深意切，百唱不厌，流传甚广。如《南泥湾》、《共产党像太阳》、《七枝花》、《歌唱二小放牛郎》、《延安颂》、《新民主主义进行曲》、《八路军进行曲》、《生产大合唱》、《黄河大合唱》等，至今仍有着感人的魅力。美术工作者则克服了重重困难，创造出版画、漫画、油画、年画、连环画、雕塑、剪纸等各种作品，散布在边区的城镇乡村，随处可见。在边区的160多位美术家中，古元、力群、彦涵、刘岘、张映雪、夏风、马达的版画，华君武、张谔、钟灵、蔡若虹、张仃、朱丹的漫画，王式廓、庄言、邹雅、胡蛮、莫朴的油画、素描与速写，王朝闻、王曼硕、许珂、钟敬之的雕塑，胡一川、罗工柳、沃渣、江丰、施展、李少言的年画、剪纸，石鲁、李梓盛、张明坦、程士铭、杨青、吴劳的连环画和洋片，均得到群众的喜爱。这些作品，点染了边区的锦绣河山，使之显得更加绚丽多彩，气象万千。

边区的社会科学研究，在哲学、史学和文学方面成就较为突出。毛泽东在 1937 年 7 月和 8 月写成的《实践论》与《矛盾论》，在中国哲学发展史上具有划时代的伟大意义。1938 年成立的新哲学会，到 1940 年6 月召开第一届年会时，已发展到 50 余人，毛泽东、张闻天、朱德、艾思奇、何思敬、周扬、郭化若、陈伯达等人均为其核心会员，会上宣读的论文都有相当高的学术水平。史学方面，主要是大量翻译和介绍了马克思主义的史学名著，在史学理论、史学方法、史料处理等方面，对当时的历史研究起了指导、促进和借鉴作用。由范文澜主持的中国历史研究会，也通力合作，编写了《中国通史简编》。中国现代史研究会编的《中国现代革命运动史》、范文澜的《中国经学史的演变》、黄松龄的《中国近百年社会发展史论纲》、陈昌浩的《近代世界革命史》等，都具有较高的学术价值，同时也显示出了明确的目的性（为抗战需要）和鲜明的战斗性两大特色。边区的文字改革从 1937 年后广泛推广，吴玉章写的《新文字与文化运动》及《文学革命与文字革命》，胡蛮的《新文字运动和拼音字母问题》都有很高的学术水平。新文字运动以研究的成果为基础，形成了很大的声势，对后来的文字改革产生了较大的影响。

自然科学研究则形成了一个良好的开端。边区在
1940年2月成立了自然科学研究会，9月份又创立了
自然科学院，一些著名的科学家如钱志道、沈鸿等人，
在这里发挥了他们的聪明才智；一大批毕业于清华大
学、北京大学、同济大学等名牌院校的青年知识分子
也在这里学习、研究、成长。自然科学研究会成立时，
就有会员320人，参加成立大会的自然科学界人士则
多达1000余人。在研究会的领导下，成立了农学、化
学、生物、航空、气象、土木工程、地质矿冶、机械
电机、医学等10多个分会，采取办展览、编刊物、开
年会等形式，活跃研究空气，交流研究成果和心得。
自然科学的研究发展水平是物质与精神两个文明发展
的直接测度器。随着科学的发展，边区政府逐渐建立
了10余座工厂，累计每月可生产布600匹以上、毛呢
100匹以上、纸6万张以上、肥皂60万条、毛巾200
打、皮革600～1000张。科学工作者通过自己的辛勤
劳动，研究生产出了一大批军工用品和人民生活必需
品，如枪支弹药、三酸、烧碱、马兰纸、火柴等，编
著了一系列科技书籍，培养了一批科技骨干人才。

不可否认，由于种种主客观因素的制约，陕甘宁
边区在文艺创作和科学研究方面还有一些不尽完美的
地方，但至少在许多方面已达到了当时国内最先进的
水平。边区奖励自由研究的政策，促进了陕北地区经
济文化的发展，培养了许多优秀的文艺工作者和科技
专门人才，他们中的大多数人，在解放初期一直活跃

在各条战线上，并发挥着领导与骨干的作用。边区政府和共产党人对知识分子的尊重、信任与爱护，对科学知识的研究普及的高度重视，对自由研究的关注、提倡与奖励，对学术研究和文艺创作开放、宽松、自由、和谐的领导管理作风，更在历史上留下了一段千古佳话。

 进军文化荒漠

陕北地区不光地瘠民贫，它还是一片文化的荒漠。境内沟壑纵横，地广人稀，占人口绝大多数的贫苦农户散居于荒山野岭之中，过着几近原始的农牧生活。他们承受着繁重的地租和苛捐杂税的盘剥，终年劳作尚不得温饱，哪里还谈得上接受文化教育。除城镇外，常常方圆数十里也找不到一所学校，因此，文化生活十分落后，文盲率高达99%。相应地，封建迷信在贫困、愚昧、闭塞的沃土里滋生、盛行，全区招摇撞骗伤财害命的巫汉神婆竟多达2000余人。同时，由于医药缺乏，卫生条件极差，不少陈规陋习广为流传，使人畜的死亡率居高不下。其中初生婴儿死亡率为60%，成人亦达3%，人民群众吃尽了文盲、迷信和不卫生的苦头。

在苏维埃时代，苏区曾兴办过一些文教事业，但因处于游击战争的残酷环境里，自然难有大的发展。边区政府成立前夕，全区仅有小学320所，学生5600多人，社会教育仍是一片空白。因此，把边区人民从文化荒漠中解救出来，便成了边区政府义不容辞的历史重任。

边区政府一经成立，便花了很大的力量去抓国民教育。1939 年 1 月，在边区第一届参议会上，政府主席林伯渠在政府工作报告中就特别强调了普及教育的问题。12 月，中共边区第二次代表大会通过了《关于发展边区教育提高边区文化的决议》。边区政府也制定发布了一系列有关教育的决定与指示，并每年抽出全部经费的 1/7 用于兴办教育事业，普遍实行免费教育。

办学当然需要大批教师。为此，边区政府首先大力兴办师范教育。1937 年，在延长县创立了边区政府成立后兴办的第一所师范学校——鲁迅师范学校。该校的第一批学生主要是红军战士，绝大多数是红四方面军长征带来的一批"红小鬼"。次年春，开始招收边区的一部分青少年入学，随后又陆续吸收了一批来自国统区的进步青少年。1939 年，鲁迅师范学校迁往延安，与边区中学合并，改名为边区师范学校。后来，又成立了第二师范（又叫关中师范）、第三师范（又叫三边师范）。边区的一些普通中学也带有师范的性质，肩负着为边区培养小学教师的责任，如陇东中学、子长中学、米脂中学等。除这些以基础知识课程为主的师范学校外，边区各地还在暑期办了许多教师培训班，从而为边区培养了大批的骨干教师。

边区的小学教育发展也较快。仅 1937 年一年，就恢复和成立了 545 所小学，学生达 10396 人。此后几年间，学校数量及在校学生人数迅速增加，到 1940 年时，学校已有 1341 所，学生达 41458 人。当然，要改变千百年来积累形成的文化落后面貌，绝非短期突击所能奏效。因此，在小学教育迅速发展的同时，失学儿童数量仍相当可观。据 1939 年底的估计，10 万学龄儿童中仅有 2 万余人入学，失学率达 80%，即以 1940 年的数字计算，失学儿童仍达 60% 左右。

另外，边区小学教育的发展，在初期曾走过一段弯路。早在 1938 年，边区政府就提出了实行免费义务教育的设想。1939 年下半年又提出了普及教育、强迫教育的方针，制定了《普及教育三年计划草案》，规定：凡 8～14 岁的学龄儿童须一律入学，否则予以处罚。《草案》还计划在三年内（从 1940 年秋开始，到 1944 年春完成）实现普及义务教育制。1939 年 8 月，边区政府教育厅还公布了《小学规程》，照搬旧型"正规化"，对学生的入学年龄、数量、班级和教学设施等方面都作了许多硬性规定。但在当时经济落后、交通不便而又缺乏劳动力的边区，"强迫教育"的做法，却难以取得群众的普遍理解与支持，同时也缺乏建立"正规化"学校的主客观条件。于是，群众便找出各种理由如家里人手不够、学校太远、负担不起等，进行消极抵制。这样，普及义务教育的计划在边区却并未完全得以实现。

为了尽快地普及教育，边区政府当时还推行过新文字教育，即把过于复杂的中国方块文字照读音以拉丁化拼音字母代替，使之简单易学。新文字教育推行了两年多，在帮助扫盲和试验汉字改革走拼音化道路等方面积累了一些经验教训，也取得了一定的成绩。但从历史文化传统的角度来看，从试验的宏观整体方面来说，确实还缺乏可行性。许多农民更愿意他们的孩子去学习在社会上占绝对优势的方块汉字，而不乐意去学那些面目陌生曲里拐弯的 XIN WEN ZI （新文字）。

在小学课程的设置上，一般重视基础课，开设有国文、史地、自然、音乐、政治课等。但在教育内容上却有许多问题，如在抗战初期，讲坚持抗战多，讲争取政治民主少；讲国共合作的多，讲共产党独立自主的少；反映城市生活的多，反映边区农村生活的少。再如，小学国文课本里就有"爱干净的娃娃，天天都要洗澡"之类的话，这在水源缺乏、十年九旱的黄土高原的农家里，简直就是不可想象的天方夜谭。

边区政府在发现了上述问题后，很快采取了新的适合当地条件和群众生活习惯的办学方法。其中最主要的是在群众创造基础上制定出的民办公助的办学方针，即提倡群众根据自己的实际状况自办小学，由政府给予指导和帮助，如代聘教师、补贴部分经费等。这些学校形式活泼多样，从校址、经费、教师待遇、课程设置到学制的长短、课时的安排、教学的内容等问题，均由群众因地制宜自己决定，政府在其中只起到引导方向和加以扶助的作用。由于它切合实际，深受百姓欢迎，故民办小学如雨后春笋，蓬勃兴起。到1945年上半年，边区共有小学1377所，其中民办小学占1057所，达到总数的76%；民办小学的在校生人数也占到全部小学在校学生总数的一半左右。

边区小学的学制有全日制的，也有半日制的。一般在人口密集、交通便利的城镇地区，学校就办得正规一些，在广大的山区则因地制宜，不拘一格。就形式而言，有以下几种：①米脂高家沟式。完全民办，群众自己管理，自选教员，自定教学内容、教学方法，学制不定，一般学到能写会算就毕业。②延安市杨家湾式。属民办公助，教员由政府指派，教材则按照学生家庭的需要编写，而且把学校教育与家庭教育结合了起来。③米脂杨家沟式。它是翻身农民在识字班的基础上办起来的一揽子形式的小学校，学生既有儿童也有成人。全体学生都不脱离生产，分早、午、夜班授课，教学内容也根据群众需要而定。④巡回学校。它是在吸收旧的轮回教学经验之后创办的，由一个教员轮流到相距三五里左右的村子里教课，学生不离村。此外，还有旧式轮回教学，由几个村子共请一位教员在学生家里上课；家庭学校，即有些人在自己家里办学，吸收本村儿童，教学时间按季节而定，教学内容亦与家庭生产有关。在一些特别落后的地区，还允许一些以前教私塾的老先生继续开馆授徒，用的课本仍是老式的《百家姓》、《千字文》一类的东西。

这些办学方式，坚持了群众自愿的原则，既切合实际，学生又不脱离生产，却同样达到了扫盲的目的，因而深受群众的拥护和欢迎，有力地推动了边区小学教育的发展。

边区的中高等教育也有相当的发展。抗战前全区仅有 3 所中等学校，1942 年时便发展到了 7 所。高等教育从无到有，抗战中陆续成立了抗日军政大学、陕北公学、医科大学、鲁迅艺术学院、自然科学研究院、行政学院、民族学院、中国女子大学、延安大学等，发展颇为迅速。

在大力发展学校教育的同时，边区政府还组织开展了广泛的社会教育。边区政府认为，要把广大群众从文盲中解救出来，就必须努力提高民众的政治觉悟与文化水平，这二者相辅相成，不可分离。开展社会教育同样坚持了因陋就简和因地制宜的原则，采取了多种多样的形式，而且还把教育、生产与抗战三者紧密地结合了起来。

社会教育的目标是消灭不脱离生产的文盲，其主要对象是 40 岁以下的青壮年男子和 35 岁以下的成年与青年妇女。采取的步骤是，先重点消灭区乡干部、变工队、运输队和农村中组织起来的积极分子中的文盲，然后再普及推广。形式有读报组、识字组、夜校、午校、半日校、轮学等。据 1939 年边区参议会的统计，识字组、夜校、半日校等已达 6103 处，其中以识字组数量最多，参加的人数为 42819 人。

社会教育中引人注目的一种主要形式就是冬学运动。这是在农闲的冬季由基层政府组织进行的大规模的学习突击运动，一般事先经过广泛的宣传与动员，由边区政府或县政府培训出冬学教员，为群众讲课。课程主要有三种：识字课、政治课和自然课。学制多为 3 个月。在冬学期间，为了防止学生流失，除领导干部组织帮助外，还采取了由公众监督互相推动的办法。冬学学生均订有冬学公约，凡无故缺课、逃学者，轻则在小组会批评，重者要开展斗争，按公约的规定来处罚。冬学结束后，还要对优秀教员和学习努力的学生进行表彰奖励。

冬学的目标是识字 1000 个，即达到能读懂《边区群众报》的程度。一般经过 3 个月的学习，多数人即可达到能看、能读、能写简单的信件和便条的水平。冬学的设备、经费都由群众自己来解决，一般在开学之前，群众就积极地把校舍、油灯、桌凳、纸张、粉笔、黑板等都准备好了。

冬学的具体内容无统一规定，而是以群众的具体需要作为教学的出发点。如针对农村婴儿死亡率过高的现状，妇女冬学教员就把识字与卫生教育结合起来；驮盐队则从学"驮盐歌"开始认字；还有从教村主任记账、开便条、写花名册，教群众认钞票入手，不一而足。其教学方法也是因地因人而异，十分灵活，总以切合实际、满足群众需要为原则。

冬学运动在边区的社会教育中起了极大的作用，它从 1937 年开始，一直坚持下来，每年都有上万人参加，其中 1941 年更多达 2 万余人，有力地推动了边区的扫盲工作。

除上述诸形式外，边区政府还通过墙报、壁报、戏剧、电影、报纸、秧歌队、唱歌、说书等各种文娱形式，把广大群众组织到社会教育的热潮中来，掀起了轰轰烈烈的群众性社会教育运动。

广泛的社会教育与学校教育相结合，使边区形成
了一个朝气蓬勃的大学校，极大地改变了边区的文化
面貌，使昔日的文化荒漠上诞生了片片生机盎然的绿
洲。广大民众的文化素质和政治觉悟的大幅度提高，
对于边区的民主建设、经济发展和坚持抗战走向胜利
都产生了深远的影响。

 秧歌舞和秧歌剧

秧歌是流传于我国北方晋陕一带农村的一种土生
土长的民间艺术。它大约起源于宋代，一般在春节或
其他节假日里表演。秧歌大致可区分为秧歌舞和秧歌
剧两大类，秧歌舞有歌有舞，以舞蹈为主，约二三十
人为一队，男女夹杂，手舞足蹈，队形上或先后进退
或左右穿插，可形成种种图案。秧歌剧则是在舞法上
加上秧歌的唱词与道白，可表演一些情节简单的故事。
这二者常常糅合在一起，集说唱歌舞于一身，形成一
种生动活泼、气氛热烈而又短小精悍、易于扮演的民
间歌舞艺术。

传统的秧歌纯粹以娱乐为主，强调的是渲染气氛
和取笑逗乐，其内容多以表现男女爱情为主题，以达
到发泄苦闷，引起兴奋、欢乐为目的。因此，神圣的
爱情往往是以一种扭曲变态的形式表达出来，男女间
的打情骂俏与下流的淫词亵语充满其间，虽然它也隐
讳地鞭笞了封建礼教对人性的压抑和摧残，但毕竟有
赤裸裸的色情色彩。由于受历史与时代的限制，旧秧

歌艺人常常不得不取悦于地主阶级，通过自贬自损与溜须拍马来混碗饭吃。

边区政府成立后，开始了对传统秧歌的改造工作。据说，边区南仓社火头刘志仁首先开了个头，在秧歌表演中加进了革命的内容。西北战地服务团则把这种正在更新的秧歌搬上了舞台，并有了新的发展，摒弃了旧的低级情调，完全代之以崭新的时代内容，首次在延安演出了新式秧歌剧《打倒日本升平舞》，受到了人们的普遍欢迎。

1942年5月，在延安文艺座谈会上，毛泽东提出了"文艺要为工农兵服务"的口号。延安的文艺工作者首先响应这个号召，纷纷深入农村，体验生活，学习和改造各种民间艺术，秧歌首先就引起了他们的兴趣和关注。他们对旧的秧歌形式加以改造，"旧瓶装新酒"，注入新的思想内容，并吸收融汇了其他民间艺术成分，创造出了新秧歌这一民众喜闻乐见的形式。在这方面，鲁艺可谓领先了一步。

此前，鲁艺的舞台上，上演的基本是从外国引进的戏剧歌舞或是反映边区外大城市生活的作品，这些离边区百姓的生活与情趣实在是太遥远了。延安文艺座谈会召开后，鲁艺进行了整风，改变了往日"关门提高，脱离实际"的做法，深入到群众中间，很快编排出新秧歌剧《兄妹开荒》。1943年，春节临近，在鲁艺的大院里，锣鼓齐鸣，新秧歌剧正在彩排，闻讯而至的人把大院挤了个严严实实。秧歌舞一跳起来，周围的人也随之兴奋起来，均有一种跃跃欲试的欲望。

从前，人们见到的是这些鲁艺学员身着整齐的演出服，列队在舞台上严肃地唱混声合唱。而现在，他们化装成工、农、兵，一个个红光满面，喜气盈盈地跳着、唱着。曲子是熟悉的民歌旧调，词却是振奋人心的新词。一下子，人们的心就被这种新秧歌抓住了，发现它竟是那样动听，那样激动人心！

鲁艺的师生信心大增，很快把传统秧歌的一整套形式都学了过来。但是，最初的新秧歌还夹杂着不少旧的东西，如由男子扮成老婆子的滑稽角色，脸上画白，耳朵上挂着辣椒，手里拿根棒槌等。鲁艺校长周扬看后，提出了两条意见：第一，"丑化劳动人民的形象"必须抛弃，应把劳动人民扮成健壮英俊的形象；第二，大秧歌队的引头人由伞头换成手拿铁锤、镰刀的工、农。从此以后，秧歌队的阵容崭新，原来的"推小车"、"跑旱船"、"打花鼓"、"赶毛驴"、"小场子"等，都注入了新的内容，用来歌唱新人新事。

在 1943 年元旦到春节的秧歌活动中，鲁艺的一批新秧歌舞剧如《拥军花鼓》、《七枝花》、《运盐》、《旱船》、《兄妹开荒》等走上了延安街头，并取得了极大的成功。毛泽东、周恩来、朱德、陈云等中央领导观看了演出，边看边叫好。毛泽东高兴地说："像个为工农兵服务的样子。"朱德点头说："不错，今年的节目和往年大不同了！革命的文艺创作，就是要密切结合政治运动和生产斗争啊！"作家艾青看了《兄妹开荒》后，撰文说："成千上万的观众狂热地欢迎它们，我是深深地感动了。"随后，他主动要求担任了中央党校秧歌队的副队长。中央党校秧歌队排演的第一出秧歌剧，是周而复、苏一平编写的《牛永贵挂彩》，也是一炮打响，影响甚大，以至诗人徐迟在重庆得知消息后，托周恩来捎信给艾青，要求参加秧歌队，并深情地说："我干不了什么，到你那儿打锣吧！"

边区群众对新秧歌有着超乎寻常的热情。鲁艺秧歌队下乡演出，走到哪里都是人山人海，群众兴奋地奔走相告："鲁艺家的秧歌队来了！"男女老少往往怀揣干粮，从几十里以外赶来观看；有不少人看了一遍又一遍，还觉得不过瘾，还要跟在秧歌队后面，到下一个演出地点再去一饱眼福。群众之所以如此狂热地喜爱新秧歌，固然有传统习俗的影响，但更主要的是由于新秧歌反映的都是他们身边或与他们切身利害相关的事情，许多人从剧中常常能找到自己的影子，这使得他们倍感亲切，兴趣大增。如秧歌剧《钟万财起家》，原来就取材于真人真事。从预排到后来公演，真的钟万财几乎场场必到，还常常挤到前排观看，令周围群众十分羡慕，当演到钟万财从二流子转变为勤俭持家的劳动者时，观众中就骚动起来，不少人的目光就盯在了身边的二流子身上，有人就指指点点地说："看看人家，你怎么办？"在这里，新秧歌不只是丰富了群众的文化生活，而且起了巨大的宣传教育作用。用秧歌剧这种生动具体的形式，宣传党的方针政策和新人新事新风尚，寓教育于娱乐之中，群众既乐于接受也易于接受。

新秧歌在延安诞生后，迅速风行于整个边区，形成一股声势浩大的秧歌运动。昔日被认为是难登大雅之堂的秧歌，经过文艺工作者的革新创造，竟焕发出勃勃生机，成为边区文艺界和老百姓最钟爱的奇花异草。在文艺工作者的带动下，边区的群众秧歌队也纷纷效法，进行改革。秧歌被赋予了新的思想与感情，题材则十分广泛，从生产劳动、减租减息到自卫防奸、敌后斗争等包罗万象，而其中尤以反映生产劳动和拥军优抗的内容为最多。在艺术形式上，也由简而繁，吸收融会了轻歌剧、音乐喜剧、平剧、话剧、民间小调等艺术品种的一些成分，成为一种融戏曲、音乐、舞蹈于一身的新型综合艺术形式。

新秧歌运动兴起后，很快产生了一大批著名的秧歌剧，如丁毅的《刘二起家》，陆石执笔的《动员起来》，周戈的《一朵红花》，马可的《夫妻识字》，王大化、李波、路由合写的《兄妹开荒》等，各具特色，争奇斗妍。几年内，仅见报的秧歌剧目就达 400 多种。相应地，秧歌队日益增长。1943 年延安就有 32 个秧歌队，差不多每个机关都有一个。1944 年春节，延安的新秧歌运动达到了高潮，仅 27 个业余秧歌队就表演了 150 多个剧目。同年 7 月，全边区已有 600 个民间秧歌队，每队大者二三百人，小者也有二三十人。据丁玲的估计，边区军民会扭秧歌者占总人口数的 1/12，平均每 1500 人当中就有一个秧歌队。1945 年春节，延安秧歌队给毛泽东拜年，毛泽东十分高兴地说："我们这里是一个大秧歌，边区 150 万人民也是闹着这个大秧歌，敌后解放区的 9000 万人民都在闹着打日本的大秧歌。我们要闹得将日本鬼子打出去，要叫全中国的四万万五千万人民都来闹。"

确实，在陕甘宁边区新秧歌运动的推动下，各抗日民主根据地都迅速展开了新秧歌运动，而且还波及了国统区大后方。譬如在重庆，郭沫若看了《兄妹开荒》、《一朵红花》、《牛永贵挂彩》之后，曾兴奋地说："秧歌舞到重庆，就是随着周恩来飞来的。"他并挥毫赋诗："光明今夕天宫府，听罢秧歌醉拍栏。"

边区新秧歌运动的发展，代表了解放区抗战新文艺发展的方向，是边区文艺生活中的一朵奇葩。它在宣传党的方针政策，教育群众、鼓舞群众和推动移风易俗方面，起了巨大的作用。同时，新秧歌运动的兴起，也是文艺为工农兵服务，文艺工作者面向大众、深入生活的结晶。它又带动了各种民间艺术活动如诗歌、快板、说书、自乐班以及窗花剪纸等活动的兴起，使古老的民间艺术踩着时代的节拍蓬勃地发展起来。

 4 人民的喉舌

在陕甘宁边区的历史上，曾经出现过一支朝气蓬勃的新闻队伍。他们既拥有被称为红色中国第一家广播电台的新华广播电台（后改称中央人民广播电台），又有先后创办的近百种报纸和60多种杂志。这些数量众多的报刊如同红色纽带一样，把边区一个个分散的城镇乡村，凝结成一个有机的整体。党中央和边区政府的大政方针，通过它们传播到了每一个角落，而人民群众的愿望和要求也以它们为媒介反映了出来。因此，我们既可以说它们是"党和政府的触觉"，又可称之为"人民群众的喉舌"。

在众多的报纸中，《边区群众报》是影响最为广泛的一种。历史上的边区曾是一片文化的荒漠，成千上万的劳动群众在翻身闹革命的过程中，才第一次有了学习文化知识的机会。千百年来的梦想一旦成真，黄土地上便泛起了空前的求知热潮。然而，由于处在战争年代，边区的人才与物质又极度匮乏，再加上时间仓促等因素的影响，使群众强烈的求知欲望尚难得到满足。直到40年代初期，边区的文化知识普及工作依然在起步阶段，基层干部的文化水平大多数还不到今天小学毕业的程度。绝大多数农民还在忙于识字扫盲，他们常常是靠听人读报来了解边区内外的大小事情的。为了适应边区广大干部和群众的文化程度，坚持走文化大众化的道路，边区文化协会积极筹组，于1939年冬创建了大众读物社，其核心任务就是出版一份适合大多数边区人看的报纸和出版一些大众化丛书。因而这张报纸也就自然而然地被取名为《边区群众报》了。

1940年3月25日，《边区群众报》在延安杨家岭正式创刊。这是一张4开2版、晋恒白纸的石印报，每10天出一期。第10期以后，改为用马兰草纸铅印的周报，每期增至4版，用4号字（后改为老5号字）排印。在内容编排上，第一版为边区新闻；第二版为边区政权建设和生产经济新闻；第三版为国内外时事

（主要为抗战形势）解说；第四版是文化文艺内容。在事实上，《边区群众报》囊括了边区人民生活的各个方面，从工作经验、生产知识、生活常识到批评建议、医药卫生以至歌谣故事等，几乎无所不包。该报在每一时期都有一个宣传中心，它依据农时而定，随季节变化而变化。因此，《边区群众报》不仅是人民群众了解边区内外大事的窗口，也是农家人生产、生活的好帮手。

《边区群众报》在内容编排与稿件写作上独具特色。它的常用字为 1000～1500 个，识字少的人看得懂，文盲也听得懂，特别重视内容的群众性与通俗化。它一方面以通俗易懂、明白、活泼、多样有趣来阐明重大的政治和社会问题，另一方面用短小精悍、简单具体的特色去适应文化水平落后的边区群众。写作形式上也尽量靠近群众，大量利用早已流传的民间形式，加以适当的改造。尤其是文化文艺版的文章，常用群众熟悉而喜爱的旧形式如评书、秧歌、民歌小调等，但却不生搬硬套，而是赋旧形式以新内容，大胆创造，推陈出新。这其中最著名的当数作家柯蓝写的《抗日英雄洋铁桶》了，共 6.5 万字，叙述了一个绰号叫"洋铁桶"的抗日英雄的成长故事。故事采用章回体形式，吸收了大量生动的民间语汇，行文浅显简练，让人易读、易懂、易讲、易记。从 1944 年 7 月到 1945 年 6 月，在《边区群众报》上全文连载后，一度广为流传，成为边区妇孺皆知的故事。

《边区群众报》自一出世，就成为党密切联系群众的工具。它能充分及时地反映群众的思想、感情、愿望和呼声，说人民想说而没有说或不敢说的话，努力面向群众、服务于群众。因此，在一般情况下，它不登党的决议文件或领导人讲话的原文，不登党和政府会议的长篇报道。在宣传这些重要内容时，多在忠实于原文精神的基础上，采用大胆改编的方法，用尽可能通俗的语言和简单明了的文字，进行有的放矢的宣传。同样的缘故，它用大量的篇幅登载来自群众的稿件、信件，凡与群众生活距离较远的上层活动一般不刊载，因而被群众称为"咱们自己的报"。

另外，《边区群众报》还担当了识字课本的重要角色。由于客观条件的限制，各地的冬学和识字组常把"能解下《边区群众报》"作为学习的重要衡量尺度和奋斗目标。如果一位农民通过认字，最终能读懂《边区群众报》的话，他往往就会成为大家羡慕的对象。

虽说如此，但由于边区纸张缺乏，《边区群众报》通常每期只能印 7000 余份。发行则用分配的方式，一般而言，每个乡公所，每所小学，每个工厂，部队中的每个连，每个扎工队（以雇工为主，包括一部分自耕农在内的集体劳动互助组织，一般 9～10 人为一个工队）、变工队、妇纺组、运盐队、合作社，甚至每位劳动英雄都可得到一份，在工作之余，常由一个识字的人读给大家听。因之，《边区群众报》自创刊以后，很快就深入人心，影响到群众生活的方方面面。

《边区群众报》刚创刊时，由大众读物社领导主办，胡绩伟任总编辑；不久成为边区党委的机关报。1941年5月，边区党委改为中共中央西北局，它又明确成为西北局的机关报了。次年，大众读物社工作结束，成立了边区群众报社，由边区文协领导，编辑部也由杨家岭搬到了新市场对面山头的原西北旅社旧址。1946年春，西北局决定将边区群众报社迁至清凉山，与解放日报社一起协同办报。1947年3月，胡宗南的军队攻占延安，边区群众报社随西北局转战陕北，在十分艰难的条件下，始终坚持出版报纸，曾出过油印小报和铅印小报，改过三日刊和周刊，于当年7月改出日刊。1948年1月，《边区群众报》在绥德县改名为《群众日报》，毛泽东亲笔题写了报头。4月下旬，延安收复后，群众日报社又回到了清凉山。

　　1949年5月20日西安解放，群众日报社先遣队随大军入城后，一面接收国民党在西安的各种报纸和印刷厂，一面积极筹备《群众日报》在西安的出版工作。5月26日，《群众日报》（西安版）面世，第一天即发行13万份。在西北局和边区政府迁入西安后，延安《群众日报》于6月10日决定停刊。《边区群众报》从创刊到迁入西安改为《群众日报》，共历时9年多，其间它一直初衷不改，坚持大众化风格，发挥着人民群众的喉舌的作用。

　　正因为如此，《边区群众报》一直在人民中间备受青睐。群众说它"读着顺口，听着顺耳"，是自己的贴心人。在边区曾流传着这样一则谜语：

有个好朋友，没脚就会走；

七天来一次，来了不停口；

说东又说西，肚里样样有；

交上这朋友，走在人前头。

（打一报纸）

　　它的谜底就是《边区群众报》。与其说它是一则谜语，倒不如说它是老百姓对《边区群众报》的高度评价更为确切。从谜面的字里行间，不难看出群众对该报是多么热爱！

　　早在 1940 年 11 月，毛泽东在看了《边区群众报》后曾致函大众读物社社长周文，称赞报纸办得很有特色，"我们大家都非常高兴"。1946 年，毛泽东又特地赠写了创刊 6 周年题词："希望读者多利用报纸，推动工作，学习文化"。同时，西北局书记习仲勋也撰文表扬该报说："这个报纸是边区群众公认的好报纸，谁也喜欢它，谁也爱护它"。它对边区人民"尽了最大的组织和指导作用"，"是有很大功劳的"，"当得起'群众报'这个光荣的称号"。在边区的文教大会上，《边区群众报》还荣获特等文教模范的奖励。

　　领导的肯定与群众的热爱，充分反映了《边区群众报》在宣传党的方针政策和普及文化知识方面所起的巨大作用。确实，"群众报"这个光荣称号，它是当之无愧的。

七 冲破封锁

让边区走向世界

自从 1927 年 11 月，中国的第一个苏维埃政权在湖南茶陵成立起，弱小的红色政权及其军队就陷入了国民党大军的重重围攻之中，几至与世隔绝。与此同时，国民党政府开动一切宣传机器，对红色区域大加攻击、诬蔑，诸如什么"杀人放火"啦，什么"共产共妻"啦，种种荒诞不经的谎言，在社会上不胫而走。神圣的红色区域几被描绘成一幅支离破碎而又狰狞恐怖的阴森图景。

陕甘宁边区政府成立后，国内一度出现的友好团结、合作抗日的局面很快又被国民党破坏。特别是随着中共力量的壮大和日寇军事打击重心的转移，国民党顽固派的反共气焰再度高涨。他们在边区周围构筑了碉堡林立、壕沟纵横的五道封锁线，又颠倒黑白，混淆视听，诬蔑共产党和八路军"不作战，没有伤兵"，是"游而不击"，是"封建割据"等等，企图断绝边区与外界的交往，孤立边区，困死边区军民，其居心极为阴险、歹毒。

为了生存和发展，更为了坚持抗战，赢得胜利，中国共产党人一直没有放弃冲破封锁、让国内外人士了解事实真相的努力。早在 1936 年 1 月，刚刚在陕北站稳了脚跟，中共中央就在西北办事处内专门成立了外交部，由博古（秦邦宪）兼任部长，负责对外联络和开展外事活动。中共冲破封锁的第一个举措，便是邀请外国记者来苏区访问。这年春天，党中央密电上海地下党组织，令他们设法邀请一位公正的新闻记者和一名医生来陕北苏区访问。受上海地下党的委托，宋庆龄选择了美国记者埃德加·斯诺和乔治·海德姆（即马海德）医生。7 月，他们两人辗转进入苏区。当斯诺跨入苏区的一刹那，他还带着不少疑虑和孤注一掷的心情。在苏区待了整整 4 个月，深入考察了苏区各项政策和人民生活的各个方面后，斯诺深深地被这片寄托着中国未来希望的土地感动了，以至于在离别的时候，万分眷恋，"感觉到像是离家了"。而马海德医生当时就留在了苏区，他后来在红色中国生活了近10 个春秋。

斯诺回到北平后，用了短短的 1 个月时间，以惊人的速度、客观公正的态度和生动的笔触将他在苏区的见闻写成了系列报道，在国内外多种报刊上登载了出来。这些报道像一枚枚重磅炸弹，轰开了人们对红色中国的神秘感，引起了强烈的轰动。1937 年 10 月，斯诺将其报道汇编成册，以《红星照耀中国》为名，在英国出版。该书一经问世，便成了著名的畅销书，曾在 1 个月内重印了 3 次，出版社平均每天要收到 600 张订书单并很快被译成 6 种文字印行。1938 年 2 月，该书在中国方得以翻译出版，为发行方便起见，易名为《西行漫记》。斯诺的著述，冲破了国民党新闻机构制造的重重迷雾，首次把红色政权和军队及其控制区域内人民的幸福生活呈现到了世人面前。

陕甘宁边区政府成立之初，面对日寇的猖狂进攻，中共中央提出了抗日的外交政策，要求把"外交政策的积极化"作为政治和军事上的必要条件与"应付当前危机"的重要措施之一。毛泽东在《反对日本进攻的方针、办法和前途》一文中，首先阐述了抗日外交政策的四条基本原则：①不给日本帝国主义者以任何利益和便利，相反，要没收其财产，废除其债权，肃清其走狗，驱逐其侦探。②立刻和苏联订立军事政治同盟，紧密联合这个最可靠最有力量最能帮助中国抗日的国家。③争取英、美、法同情我们抗日，在不丧失领土主权的条件下争取他们的援助。④战胜日寇主要靠自己的力量，但外援是不可少的，孤立政策只能有利于敌人。1937 年 8 月，在洛川会议制定的《抗日救国十大纲领》中，对上述原则作了概括的阐述，"就是集中一切力量，打败日本侵略者，为此必须联合世界上一切爱好和平的国家和人民，争取各方面的同情和支援，结成反德日意法西斯的广泛的国际统一战线"。

正是由于中共中央和边区政府坚持了抗日的外交政策，加上斯诺之行的影响，成百上千的中外人士纷纷迈进了陕甘宁边区这块昔日的禁地。由此，边区的外事活动空前活跃。于是，在 1938 年 3 月 7 日，边区政府在秘书处下设立招待科，取代了原来的管理科，由胡金魁任科长，专司中外来宾的接待工作。5 月，又更名为交际科。1940 年初，因形势的需要，交际科扩大为交际处，金城任处长。交际处下设联络科、招待科和总务科，分别由石锋、金耐和杜维（女）任科长，共有窑洞 15 孔，平房 35 间，内设有礼堂和餐厅等。交际处建立后，就成了中共中央、边区政府和陕甘宁晋绥五省联防司令部办理外事的专门机关，也可以说是陕甘宁边区对外的一个重要窗口。

与此同时，在抗战初期，中共在西安、武汉、重庆、长沙、桂林、兰州、洛阳等地设立了公开的八路军（或称第十八集团军）办事处，开展抗日民族统一战线工作，向国民党当局领取军饷，采办和转运军需物品，向外界宣传八路军抗战的辉煌战绩，接待过往的八路军人员，也接送进出边区的中外人士。每一年都有大批中外人士进入边区，然后由交际处统一接待。他们当中有爱国华侨，也有国内学者名流，有国民党的将军官员，也有各种访问团、考察团等。继斯诺之后，许多痛恨法西斯侵略行径，同情中国人民抗日事业的外国朋友也陆续来到边区，如斯诺的前夫人尼姆·韦尔斯（即海伦·福斯特·斯诺），以及艾格尼丝·史沫特莱、安娜·路易斯·斯特朗、英国记者贝特兰等。边区之行，使他们写出了一部部报道中国革命状况的佳作。共产党人的英雄业绩和边区人民的生活面貌，随着这些友好使者的脚步，也走向了世界各地。

1938年9月，共产国际发表了《共产国际的决定与声明》，号召国际无产阶级和共产国际各支部及一切热诚拥护民主与和平的人们，以各种方式援助中国。在共产国际各支部的宣传、组织和带动下，世界上掀起了一场声势浩大的援华运动。英、美等国的工人展开了抵制日货运动；法国、意大利、西班牙、印度等国的共产党组织分别以通电、宣言、号召等形式谴责日本帝国主义的暴行，声援中国人民的正义斗争。这一年，白求恩率领美国加拿大医疗队，爱德华、卓克华率领印度医疗队来到了延安，为中国革命事业作出了杰出的贡献。

苏联则主要通过为国民政府提供军事装备、军事顾问和志愿飞行人员的方式来援华抗日。1937年8月，苏联与国民政府签订了《中苏互不侵犯条约》。从1938年到1940年，苏联为中国共提供贷款4.5亿美元，且无任何抵押和附加条件。这些贷款以中国急需的飞机、大炮、坦克及其他武器弹药、运输工具等形式源源进入中国，其折价比市价尚低20%。苏联还先后支援了中国1000多架飞机，2000余人的空军志愿人员，其中有近200人献身于中国的抗战事业。

1938年8月，国际友人艾黎、斯诺与胡愈之、陈翰笙等发起成立了中国工业合作协会（简称"工合"）。"工合"在促进国共合作与争取海外援助方面起了很大的作用。截至1941年，"工合"给陕甘宁边区共捐款达法币 800 万元以上，在各根据地共建立了 3600 多个工厂和作坊，安置了 30 多万名工人，向前线的临时工厂输送了 4 万余名技工。

随着中外友好人士对边区的不断介绍报道，加上世界援华运动的蓬勃兴起，中国共产党和陕甘宁边区的影响在逐渐扩大。1938 年 1 月 23 日，国际反侵略运动大会中国分会在武汉成立，毛泽东被选为 72 位名誉主席之一，周恩来、董必武、邓颖超等人也列于 139 位理事之中。1941 年 10 月下旬，具有世界意义的东方各民族反法西斯大会在延安隆重举行，来自日本、犹太、印度、印尼、菲律宾、马来亚、泰国、缅甸、越南、朝鲜等国家和地区，以及中国的蒙、回、藏、彝、苗、满、汉等 18 个民族的 130 余名代表参加了大会。大会通过了 19 个提案，成立了东方各民族反法西斯大同盟，总盟设在延安，各地设立分盟，朱德当选为大同盟的主席，朱德、林伯渠、吴玉章、乌兰夫等 37 人任同盟执行委员。这表明，延安和陕甘宁边区已成为亚洲人民反法西斯斗争的中心之一。

1941 年后，国内形势剧变，国民党军队重新包围和封锁了陕甘宁边区。党中央和边区政府在自力更生、生产自救的同时，更积极地坚持抗日外交政策，努力争取让外界更多地了解边区的政治、经济和抗日的真实状况。1941 年 5 月 1 日颁布的《陕甘宁边区施政纲领》规定：在尊重中国主权与遵守政府法令的前提下，允许任何外国人到边区游历，参加抗日工作或进行实业文化与宗教活动；凡因革命行动遭外国政府压迫而来边区者，不问其是宗主国人民或殖民地人民，边区政府一律予以恳切的保护；同时"欢迎海外华侨来边区求学，参加抗日工作，或兴办实业"。为此，边区政府还制定了来去自由、关心尊重和生活优待等许多具体的外交政策。凡来边区的中外客人，只要提出要求，什么地方都可以看，包括监狱也供参观。客人在境内可以自由行动，不加限制。进出边区完全自愿，来则欢迎，去则礼送。来边区的人员，不论政见与地位，不管居留长短，一律受边区政府的尊重与保护，可享有工作上的便利。在边区经济最困难的1942年，边区政府把干部职工的生活标准划分为多种类型，而对于国际友人则给予力所能及的最好待遇（第一类）。他们每人每月有大米15斤、面粉15斤、猪肉30斤、蔬菜30斤及油、盐、炭等日用品。许多专家还配有管理员、炊事员、勤务员、翻译和中文教员等。即便是过境或短期游历、参观的中外来宾，边区交际处也照样对他们在生活上进行特殊的优待。

由于边区实行了正确、灵活的外交政策，也由于边区和八路军的民主政治与英勇抗敌对外界有着强烈的吸引力，所以，中外人士不远万里来边区者络绎不绝，如1940年为1412人，1941年为2866人。他们或捐赠财物支援抗战，或留在边区参加工作，或撰文著述，向外界传播边区的真相。偏僻的延安，贫瘠的边区，竟成了全世界万众瞩目的地方。除个人外，还有不少团体前往边区参观考察或进行其他事务，其中最著名和最有影响的当推中外记者参观团和美军观察组。

"封锁线后的新社会"

在 1943 年初，有一批外国记者不满国民党对红色区域的封锁政策和国统区的新闻高压政策，要求到中共控制的地区参观采访，却遭到了国民党的拒绝。随后，在重庆的外国记者们又多次提出要求，国民党当局均以"局势动荡"、"目前不大方便"、"以后再说"为由挡了回去。5 月，外国记者在重庆发起成立了驻华外国记者协会，向国民党中宣部提出放宽新闻检查标准的意见；不久又向蒋介石递交了"请愿书"。11 月，美国记者福尔曼率先向国民党当局提出到延安采访的明确要求，得到各国记者的纷纷响应。

此时，正值国际反法西斯战争胜利发展时期，为了取得反法西斯战争的最后胜利，美、英、中等国在中国战区和东南亚战区组织了缅北、滇西反攻作战。1944 年春，日军发动了旨在打通粤汉路的"一号作战"（即豫湘桂战役），国民党军队节节溃败。美国方面对国民党的腐败无能、抗战不力和专制独裁十分不满。在谢伟思、戴维斯等一批具有远见卓识的驻华外交官的建议下，美国总统罗斯福一度采取有弹性的现实主义的对华路线，要求国民党政府实行民主改革，撤退包围陕甘宁边区的数十万大军，以增援缅北、滇西作战和豫湘桂作战。同时，中共和八路军以及各个抗日根据地的壮大，也引起了美国政府的高度重视，认为这是将来对日反攻作战可资借助的重要力量。因此，罗斯福曾多次发电给蒋介石，要求直接派观察团进驻延安，从事实际考察。于是，福尔曼等人趁此机会，再次提出访问延安的要求。国民党当局迫于形势，不得不表示允准。同年4月10日，国民党中宣部部长梁寒操正式表示各国记者可组团访问延安。但是，国民党顽固派生怕外国记者实地采访会揭穿其种种造谣诬蔑、玩弄花招的事实，一面把外国记者团扩大为中外记者团，并派CC特别骨干加强"领导"，以官方人员担任正副团长；一面又拟定了《外籍记者请发采访证审核办法》和《招待外国记者赴延安参观计划》，不仅对赴延外国记者作了"精心"选择，而且规定记者团统一行动，不准个别活动，记者所发新闻亦需经团领导审查批准，借以加强控制。

中外记者参观团一行共21人。其中包括：

国民党官方正、副领队2人：外事局副局长谢保樵，中宣部新闻检查局副局长邓友德；

外国记者6人：冈瑟·斯坦因（代表美联社、《曼彻斯特导报》、美国《基督教科学箴言报》），伊斯雷尔·爱泼斯坦（代表美国《时代》杂志、《纽约时报》、《同盟劳工新闻》），哈里逊·福尔曼（代表合众社、伦敦《泰晤士报》、纽约《先驱论坛报》），莫里斯·武道（代表路透社、多兰多《明星》周刊、《巴尔的摩太阳报》），科马克·夏南汉神甫（代表美国天主教《信号》杂志、《中国通讯》），N.普金科（代表塔斯社）；

中国记者9人：《大公报》孙昭恺，《中央日报》

张文伯，《扫荡报》谢爽秋，《国民公报》周本渊，《时事新报》赵炳烺，《新民报》赵超构，《商务日报》金东平，"中央社"的徐兆镛、杨嘉勇；

另有国民党中宣部陪同人员4人：魏景蒙、陶启湘、张湖生、杨西昆。

记者团于5月17日从重庆飞抵宝鸡，再坐火车至西安。到西安后，他们参观访问了一些工厂、机关、学校等单位。成群的国民党特务扮成人力车夫、招待员、仆役、听差等，像苍蝇一样寸步不离地跟在记者们的屁股后面。访问西安劳动训练营（实即集中营）时，当局特意安排了几个"觉悟"了的、所谓被共产党"迫害"过的"模特"，来"诉说"边区的"黑暗"。但这一套伎俩又怎能瞒过经验丰富、灵敏机警的福尔曼等人的眼睛？

随后，记者团乘汽车东行，经临潼、华阴、合阳，从韩城东渡黄河入山西，行至第二战区司令长官阎锡山的防区。阎锡山除"介绍"八路军、"牺盟会"、"新军"的种种"不轨行动"后，还大谈了一通他的"社会主义"理论，但这并不能引起记者们多大的兴趣。5月31日，记者团西渡黄河进入陕北。

对于记者团的到来，中共中央极为重视。中央政治局决定由周恩来副主席亲自主持接待工作，并责成中央军委和八路军总部参谋长、中央外事组组长叶剑英，中央军委秘书长杨尚昆具体承办。周恩来多次召集延安党、政、军、民、学各方面负责接待工作的同志开动员会，介绍记者团的情况，讲解政策和注意事项，指示各有关单位必须由负责同志亲自出面接待。同时，周恩来和杨尚昆还从各机关借调了一批优秀干部和翻译人员参加接待工作。

记者团进入边区的第二天清晨，八路军三五九旅旅长王震亲自率周恩来的政治秘书陈家康、《新华日报》记者徐克立夫妇及警卫人员前去迎接。他们陪同记者团参观了延长油田、南泥湾伤兵医院、干部休养所等地，以及三五九旅开展大生产运动的丰硕成果和缴获日军的轻重武器，使记者们耳目一新，"颇感振奋"。

在王震将军的护送下，记者团于 6 月 9 日中午抵达延安，住进了位于南门外的边区政府交际处。当天下午 5 时，叶剑英参谋长设宴为他们洗尘，出席宴会的有杨尚昆秘书长和边区政府民政厅刘景范厅长。10日下午，朱德总司令又在王家坪礼堂设宴款待中外记者，随后还举行了盛大的音乐欢迎晚会。12 日下午 4时，毛泽东主席在杨家岭中央大礼堂后面客厅接见了中外记者参观团。他在致词中首先对记者团的到来表示十分欢迎，并说："我们的目的是共同的，就是打倒日本军阀和打倒一切法西斯。全中国，全世界，都在这个共同基础上团结起来。"他还对代表团来延安适逢欧洲开辟了第二战场表示热烈庆祝。在谈到中国国内情况时，毛泽东着重申明："我们拥护蒋委员长，坚持国共与全国人民的合作，为着打倒日本帝国主义，建立独立民主的中国而奋斗，中国共产党的这种政策始终不变……因为这是全中国人民所希望的。"接着他又针对中国国内"缺乏民主"的缺点，强调指出："中国人民非常需要民主，因为只有民主，抗战才有力量，中国内部关系与对外关系，才能走上轨道，才能取得抗战的胜利，才能建设一个好的国家。"致词之后，毛泽东根据中外记者的提问，作了关于国共谈判、第二战场、中共的希望及其工作的三个问题的答复，使记者们对中国共产党的主张和方针政策有了比较深刻的理解。

记者团在延安集体访问了边区政府以及自然科学院、日本工农学校、兵工厂、被服厂、难民工厂、皮革工厂、振华纸厂、光华农场、中央医院、白求恩国际和平医院、洛杉矶托儿所等单位，较广泛地接触了延安的各界人士。边区军民团结一致、生气勃勃的精神风貌和自力更生、艰苦朴实的作风，赢得了记者团多数成员的敬佩和赞叹。

访问延安期间，记者团还出席了中共和边区政府为他们举行的一系列情况介绍会。从6月22日到7月3日，叶剑英、罗迈（即李维汉）、谭政、成仿吾以及边区政府副主席李鼎铭、参议会副议长谢觉哉、民政厅长刘景范、财政厅长南汉宸、建设厅长高自立、贸易公司经理叶季壮、教育厅副厅长贺连城、银行行长黄亚龙等，先后向记者团作了专题报告，全面介绍了敌后抗日根据地和边区的军事、政治、经济、文化、教育等各方面的发展情况。这些报告实事求是，深入浅出，说服力强，给中外记者留下了深刻的印象。尤其是叶剑英所作《中共抗战一般情况的介绍》的报告，引起的反响最为强烈。在长达 5 个小时的报告中，叶参谋长从敌情、伪情、友情、我情四个方面，详细介绍了共产党领导下的八路军、新四军及地方民兵武装，面对极其险恶的环境和困难，在敌后战场同日、伪军英勇战斗、流血牺牲的英雄事迹，指出了中国抗战胜利的前景，揭露了国民党顽固派消极抗日、积极反共、制造摩擦的卑劣行径，热切地希望能迅速改善国共关系，开辟一个真正团结抗战的新环境。这一报告的内容很快通过中外记者的电讯文稿传播到了大后方和世界各地。国内外舆论开始以新的目光重新评价中共及其军队在抗战中的地位和作用；对国民党极度失望的美、英等国，以更大的兴趣，更密切地关注起中共领导的敌后战场，并对此寄予颇大的希望。

为了单独采访中共领袖毛泽东，美国记者斯坦因首先"破坏"了国民党为记者团所确定的纪律，并如愿以偿。接着，其他几名外国记者甚至有的中国记者也都各自行动，纷纷要求访问中共的高级领导人。国民党所派领队阻挡不了，并为此坐卧不安，恐慌万分，便采取威逼利诱和分裂手段，匆忙提前把全部中国记者和一名外国记者拉回重庆，而其余外籍记者则以国民党政府允许滞留 3 个月的期限为由，坚持留了下来。

8 月中旬，斯坦因、爱泼斯坦、福尔曼、武道、普金科离开延安，赴绥德等地参观访问。30 日，爱泼斯坦、福尔曼、武道三人东渡黄河，进入晋西北根据地。在此，他们亲眼目睹了八路军攻克马坊日据点的战斗，并参观了作战现场，采访敌伪俘虏。9 月中旬，爱泼斯坦等又进入八路军晋绥军区第八分区，参观了分区医院、兵工厂和群众的反"扫荡"演习，实地观察了人民军队夜袭敌战略据点汾阳的战斗。国民党顽固派恶意中伤八路军"保存实力"、"游而不击"的谰言，在铁的事实面前不攻自破了。

10月9日，外国记者从晋西北返回延安。不久便全部离延返渝。

这次边区之行给中外记者们留下了极为深刻的印象。斯坦因说："在封锁线后面发现了这样一个热烈的新社会，简直使我目瞪口呆。五年以来，在重庆对共产党除恶意的诽谤而外毫无所闻的我，对着延安所发现的事物，吃惊地擦拭着自己的眼睛。"他还将延安与重庆作了多方面的对比，并在当时的日记中指出，延安没有厌战情绪，有的只是开路先锋者的持久的战斗热情；喜欢得到外来援助，但不依赖它，依靠自己已经成了延安人的第二天性；不论年龄多大，延安人看来特别年轻，而且充满了欢乐与信心；延安的领袖对国民党及其区域的了解，比重庆对延安及其区域的了解要好得多。爱泼斯坦说："我们在陕甘宁边区、晋绥边区住了几个月，看到了敌后的军队与人民怎样艰苦英勇地工作与战斗，怎样牺牲自己的生命为世界人类和平而斗争"；现在所有对八路军诬蔑的语言，都已被事实所粉碎，任何封锁已封锁不住了。总之，大多数外国记者都认为中国共产党领导下的抗日根据地是"新中国的模型"，是中国的未来和希望所在。

中外记者参观团的成员在访问期间和返回以后，

发表、出版了不少报道、访问记和著作。其中著名的有：赵超构的《延安一月》，福尔曼的《红色中国的报道》（又名《北行漫记》），斯坦因的《红色中国的挑战》、《毛泽东印象记》、《中国共产党与解放区》，爱泼斯坦的《这就是毛泽东：中国共产党的领袖》、《我所看到的陕甘宁边区》、《中国未完成的革命》，武道的《我从陕北回来》，等等。这些报道、访问记和著作冲破了国民党的新闻封锁，将陕甘宁边区和其他根据地的真实情况传播到了国统区和海外，对于扩大中共的影响，提高中共及人民军队和敌后战场在国内国际上的地位，发挥了积极的作用。

"中国的命运决定于他们"

1941 年 12 月 8 日（美国时间为 7 日），"不辞对英美一战"的日本军队，在美国的海军基地珍珠港上空投下了大批重磅炸弹，美国政府被迫向日本宣战。面对共同的敌人，中共中央随即发表《中国共产党为太平洋战争的宣言》，并向党内发出《关于开展太平洋反日民族统一战线及华侨工作的指示》，明确提出同英美建立反法西斯统一战线的方针，要求全党利用各种场合与英美人士多方接触，"表明我们愿意与英美政府真诚合作抗日"，争取他们对我人民抗日力量的同情。此后，中共常驻重庆代表周恩来和八路军驻重庆办事处的同志多次向美国官员表示，欢迎美国政府派代表或观察员到解放区进行考察。一些驻华美国外交官从加速打败日本法西斯和维护美国的长远利益出发，建议美国政府改变单纯支持国民党的政策，通过设立领事馆或派军事观察团的方式加强与中共的联系。随着战争形势的发展，以罗斯福为总统的美国政府决定接受上述建议。罗斯福除了直接致电蒋介石外，还派副总统华莱士到重庆，当面要求蒋介石答应美国派遣军事观察团进驻延安的计划。在美国的压力下，国民党尽管极为不满，但也只得同意美方要求，不过又坚持要把"观察团"改为"观察组"，以降低其规格。

　　像接待中外记者参观团一样，中共中央对美国官方的军事观察组来延安给予了高度重视和热烈欢迎。当时确定的接待方针，一是要积极主动地帮助观察组做好工作，交换意见开诚布公，作为朋友双方在政治上是平等的，决不能无原则让步；二是在生活上要热情、周到、优待、照顾，但须量力而行，不能铺张浪费；三是提醒观察组成员必须尊重中华民族的尊严和风俗习惯，不得把西方资本主义的一套搬到延安来，同时要求自己的干部群众维护国格、人格，既要表现出宽阔胸怀，又要不卑不亢，掌握好分寸。

　　1944 年 7 月 22 日，美军观察组第一批成员乘坐美空军 C－47 型飞机抵达延安。8 月 7 日，第二批成员也抵达。以后，观察组成员又有变动，最多时达 30 余人。其主要成员有戴维·D. 鲍瑞德上校（观察组组长）、约翰·S. 谢伟思（美国驻华使馆二等秘书，中缅印战区司令部政治顾问）、雷蒙德·P. 卢登（美国驻华使馆二等秘书，中缅印战区司令部顾问）、约翰·

埃默森（中缅印战区司令部军官）、梅尔文·A. 卡斯伯格少校（医疗队员）、雷·克罗姆林少校（航空兵）、雷金纳德·E. 福斯中校（航空兵）、查尔斯·E. 多尔少校（航空兵）、查尔斯·G. 斯特尔上尉（航空兵）、路易斯·M. 琼斯中尉（航空兵）、约翰·C. 科林上尉（步兵）、亨利·S. 惠特尔西中尉（步兵）、威尔伯·J. 彼得金少校（步兵）、布鲁克·多兰上尉（步兵）、西蒙·H. 希契上尉（海军）、保罗·C. 多姆克上尉（信号兵）、安东·H. 雷米尼赫（空军参谋军士，信号兵）、沃尔特·格雷斯中士（信号兵）、乔治·I. 奈卡莫罗（4级技师，应征入伍者）。观察组的任务是收集华北日军和中共方面的情报（包括中共对战争所能作出的贡献，为增强中共军队的战斗力美国援助应采取的最有效方法），以及气象资料等。

美军观察组到延安后，《解放日报》专门发表了社论。毛泽东亲自将社论题目"欢迎美军观察组"改为"欢迎美军观察组的战友们"。社论指出，美军观察组的到来，"是中国抗战以来最令人兴奋的一件大事"，"是关系四万万五千万中国人民反抗日寇解放中国的问题"，"是关系同盟各国战胜共同敌人建立永久和平的问题"。因而表示："我们谨向远道来此的观察组全体人员，致热烈欢迎之忱！"社论还预祝观察组工作成功，以"使美军统帅部对于中国共产党始终坚持团结抗战、实行民主的政策，和共产党领导下的敌后抗战力量，获得真实的了解，并据以决定正确的政策"。

美军观察组是第一个进入中共领导区域的美国官

方团体，并常驻延安。可以说，双方由此建立了一种半官方关系。与中外记者团相比，美军观察组更注重考察陕甘宁边区的政治、军事状况。他们比较自由地参观访问了延安、绥德、南泥湾和其他敌后根据地，得到了解放区党政军民的积极配合。毛泽东、朱德、周恩来、叶剑英、杨尚昆、陈毅、聂荣臻和陕甘宁边区政府林伯渠主席、李鼎铭副主席、李维汉秘书长等党政军高级领导人多次会见并宴请他们，向他们介绍中共的各项方针政策，以及抗日根据地的政治、经济和敌后战场的作战情况，详尽解答他们提出的各种问题，同时表达了与盟军共同抗日及战后合作的愿望。根据中共中央决定，8月3日，叶剑英从总体上向观察组介绍了共产党军队在华北、华中、华南等15块敌后根据地对日伪作战情况；6日、8日、9日，彭德怀副总司令连续3天向观察组介绍了华北战场的情况；10日，陈毅军长作了关于新四军情况的介绍；12日，晋察冀军区司令员兼政治委员聂荣臻作了关于晋察冀边区军队状况的报告。此后，八路军一二〇师师长、陕甘宁晋绥五省联防司令贺龙和一二〇师政治部主任甘泗淇介绍了晋绥边区；晋察冀边区政府主席杨秀峰介绍了晋冀豫和冀鲁豫根据地；前山东分局书记朱瑞介绍了山东军区；一一五师师长林彪和八路军总部政治部主任罗瑞卿分别介绍了八路军的训练和政治工作情况。据统计，仅在头两个月，八路军、新四军负责人就向观察组全体人员作了10多个报告。这些报告，从各个方面系统阐述了中共对敌、对友的基本立场和态度，分析中国抗战的具体特点和复杂环境，全面介绍了八路军、新四军和民兵武装在敌后战场英勇战斗的英雄事迹，有力地驳斥了国民党顽固派对人民抗日力量的造谣中伤，呼吁世界各同盟国家特别是美国政府了解边区，支持边区。

在听取介绍的同时，为了能直接了解八路军的军事素养和作战能力，观察组还到延安附近的八路军驻地进行实地考察，交流经验。8月17日和10月9日，科林上尉和包瑞德上校先后在第十八集团军（此为八路军1937年9月后在中国抗战军队中的序列）总司令部作了两次关于美国陆军训练方法的讲演，并做了爆破表演及材料使用方法介绍。8月24日至26日，观察组在叶剑英陪同下检阅了三五九旅，并观看了该旅的战术演习。10月17日至21日，观察组成员又赴绥德参观了抗日军政大学，与学员自由交谈。

除陕甘宁边区外，美军观察组还派出人员分赴晋绥和晋察冀根据地考察。他们10月6日从延安出发，东渡黄河，穿越同蒲铁路，直抵晋察冀边区的阜平。他们在这个边区的考察历时4个半月，行程3000余公里，亲眼看到了日本侵略者滥杀无辜、恣意妄为的暴行，更看到了八路军不怕艰苦和牺牲，奋勇打击敌人所取得的光辉胜利。9月下旬，卡斯伯格等在现场目睹了八路军袭击敌汾阳据点附近飞机场、火车站、发电厂和火柴公司的战斗。

美军观察组的成员以中下级年轻军官和外交官为主，他们从国民党统治的大后方来到共产党领导的解放区，感到仿佛进入一个新天地，眼界为之大开，耳目焕然一新。在参观、访问和考察的过程中，他们对解放区的民主制度和人民军队的战斗素质、抗日积极性赞不绝口。特别是，他们根据自己的耳闻目睹和思考分析，从延安向美军司令部和美国国务院发回了大批军事、政治报告，对八路军的战绩和边区军事、政治、经济、文化诸方面都作了较为客观的报道。他们确信中国共产党是真心抗日和实行民主的，人民抗日武装"是一支年轻的、经受战斗锻炼、士气旺盛、得到人民支持的军队"。观察组成员谢伟思在1944年7月28日的报告中说："延安民众官吏打成一片，路无乞丐，家鲜赤贫，服装朴素，男女平等，妇女不穿高跟鞋，亦无口红，文化运动极为认真，整个地区如一校园，青春活泼，民主模范，自修、自觉、自评，与重庆另一世界。"10月，卢登的报告称："在华北，老百姓支持共产党的证据比比皆是，而且显而易见，使人不能再相信这是为欺骗外国来访者而设置的舞台。一个统辖着这样广泛的地区，而且全是由中国人掌管的政府，能得到民众的积极支持，使民众参与发展工作，这在中国现代史上还是第一次。"11月，戴维斯的报告中说："蒋介石的封建的中国，是不能同中国北部的充满生气的现代的人民政府长期共存的，共产党一定会在中国扎根"，"中国的命运不决定于蒋介石，而决定于他们"。观察组的有些报告还建议美国政府发展与中共的友好关系，与中共合作抗日，并为其提供所需的武器和通讯材料。

美军观察组在陕甘宁边区和敌后根据地的活动，以及他们从延安发回的大量报告，给美国政府和舆论界吹去一股清新的空气，从而加深了美国政府对中国共产党、解放区和人民抗日力量的了解，促使美国领导人继续对国民党施加压力，迫使国民党留在抗日阵营内。同时，这一切也有利于中共对国民党的斗争，有利于中共开展国际交往和国际统一战线活动。

正是因为中共坚持了正确的外交政策，陕甘宁边区才得以打破国民党的封锁，增强了国内外进步人士的了解和同情，从而争取了他们的大力支持。同时，与外部世界的沟通和交流，扩大了中共和陕甘宁边区的影响，提高了中共、解放区和人民军队在国内国际上的政治地位。共产党人的声望和影响力，在世界爱好和平人们的心目中不断增长。陕甘宁边区也以其民主、进步、健康、向上的独特风姿走向了世界舞台。

然而，令人遗憾的是，由于种种原因，美军观察组最终并未能促成美国与中共的长期合作。1944 年 11 月赫尔利访问延安之后，美国政府改变了一度较明智的现实主义的对华政策，做出了扶蒋反共的新抉择。观察组成员或被调离或被撤职，该组的地位也大大下降。随着中国内战阴云的扩散和形势的日益恶化，美军驻延安观察组于 1946 年 4 月结束工作，1947 年 3 月 11 日全部撤离延安。

八　欢庆胜利

 八一五——延安狂欢夜

整整 8 年，每一个爱国的中国人无不日夜企盼，早一天把日本侵略者赶出国土。这一天，终于来临了。

1945 年 8 月 15 日上午，日本天皇裕仁以广播"停战诏书"的形式，向盟国宣布无条件投降。这一震撼世界、振奋人心的喜讯传到了大西洋两岸，也传到了长城内外，大江南北。在延安，新华社的译电员和部分外国友人最先得知这一消息，立刻奔走相告。未等消息播完，新华社的工作人员便已拥抱在一起，欢呼起来。接着，有人冲出门去……霎时，这消息就像旋风一样，传遍了延安城。虽然在 8 月 10 日的那天夜晚，延安人已得知日本政府向盟国发出了乞降照会，就毫不犹豫地敲响了锣鼓，扭起了秧歌，刚刚入梦的延安城曾被惊喜得颤动了起来。可今天，抗战胜利的消息正式传来，更像是熊熊烈火似的，把人们的心都燃烧了起来。

已经几天几夜未合眼的毛泽东，一听到胜利的喜

147

讯，怎么也抑制不住自己的兴奋心情，立刻大步走出窑洞，拉上兴致勃勃的周恩来，一同来到了延园舞场。此刻，舞场上人如潮涌，万众狂欢。伴奏的乐队里，朱德总司令挥动小木槌，兴奋地敲着木琴，瞧那欢快劲儿，就像个小伙子一样。

城内大街小巷，早已成了五彩缤纷的海洋，欢声笑语热闹异常。兴高采烈的人们，竞相拥抱，以此作为表达自己喜悦心情的见面礼。各处的黑板报、墙报上，都用大字报道着日本投降的消息。欢乐的人群就像有一种默契似的，不约而同地在一处处庭院、机关的门口，甚至当街上，扎起了彩楼，挂起了彩灯，拉起了彩带，升起了国旗。昔日宁静的山城，此刻被装扮一新，披上了节日的盛装。

当天晚上，延安市举行盛大的火炬游行，无数火把映红了山巅河畔。夜空被灯火镀上了一层金辉，延河的水闪耀着鳞鳞红光，宝塔山更显得雄伟壮丽，风采多姿。星星点点的火光从每一个角落里跳跃而出，渐渐汇聚成一股股火红的巨流，从四面八方向市区流动。闪亮的火光中，斯大林、毛泽东、朱德的巨幅画像被高高举起。

几乎所有机关与群众团体及民间的乐队、秧歌队都纷纷上街，在喧天的锣鼓声中，欢乐的人群跳着、舞着、唱着、笑着。欢呼声、口号声、锣鼓声、爆炸声飞上九霄，奏成了欢快激昂的胜利乐章。实验工厂、联政宣传队、大众剧院、延大、完小等十余支秧歌队在繁华的新市场十字街口汇合了，人们载歌载舞，越跳越兴奋，队伍越跳越大，最后成了一片舞动的人海了。鲁艺的花篮舞、西工团的伞舞、民众剧团的高跷队、延大的龙灯舞、北关的狮子舞、杜甫川的旱船队等，都在万头攒动的人群空地上，拉开架子表演了起来。美军观察组闻讯后乘汽车赶来，情不自禁地扭起了秧歌。人们唱啊、跳啊、拥抱啊，仿佛任何言辞都无法表达内心的喜悦之情。

在蜂拥的人群中，有一位拄着拐杖的荣誉军人被人群簇拥着，他热泪盈眶，激动得颤声说："八年啦，我的血没有白流，我们终于胜利了！"这位在平型关大战中光荣负伤的八路军老战士，今天亲眼看到了胜利。一位卖瓜果的小贩欢喜得跳了起来，把筐子里的桃呀梨呀一枚枚抛向空中，高喊着："不要钱的胜利果，请大家自由吃呀！"群众报以热烈的掌声。新市场的店铺彻夜灯火通明，店主人把所有能吃的东西，水果、香茶、糕点、肉食，还有红皮鸡蛋等，统统摆了出来，请每一个过往的人吃呀、喝呀。谁要是稍有推辞，主人就会动起"武"来，一个拉着你，另一个就强行往你的衣兜里装，往你的嘴里塞……

在欢呼声中，八路军副总司令彭德怀赶到了新市场。当他一出现，人潮如波浪一样向他涌去，一双双手里捧着大海碗，向这位抗战的功臣敬酒。彭大将军频频向群众招手致意，他接过一碗酒，满含深情地说："我接受大家的酒，让我们一起为那些死难的抗日壮士和为中国独立自由贡献出宝贵生命的国际友人献上这碗酒吧！"说完，他双手托碗，庄重地将酒轻轻洒在了黄土地上。同一天晚上，在王家坪八路军总部里，朱德总司令举行鸡尾酒会，宴请驻延安的盟国友人，共同庆贺反对日本法西斯战争的伟大胜利。

夜深了，狂欢的延安城却无倦意，欢呼声、爆竹声、锣鼓声仍连绵不断，响彻云霄。著名诗人艾青经历了这个狂欢之夜，心情久久不能平静，后来以《人民的狂欢节》为诗题，生动地描绘了这个值得永久纪念的夜晚。

日本无条件投降了！

消息像闪电

划过黑夜的天空

人们从各个角落涌出

向街上奔走

向广场奔走

日本投降了！

没有话比这

更动人，更美丽！

有人在点燃火把

有人在传递火把

……

没有人能抑制住自己的感情！

人人的心都像火把一样燃烧……

地壳在群众的脚步下震动了！

……

150

这是伟大的狂欢节，

胜利的狂欢节。

这是中国人民，

用血泪换来的欢乐！

用血汗栽培的花果！

迎接全国解放

日寇投降后，中国面临着两种命运和两个前途的生死搏斗。是走向光明与进步，还是退归黑暗与深渊？刚刚从抗战胜利的狂欢中冷静下来的中国人民，看到的却是国民党大军在源源不断地向华南、华东、华北、东北输送，看到的却是蒋、日、伪的大合流，是重庆大员的"劫收"与"五子登科"……中国究竟向何处去？国共两党是战是和？爱好和平的人们不禁又陷入忧郁、失望和痛苦之中。

在这历史转折的关头，中共中央于 1945 年 8 月 25 日发表了《对于目前时局的宣言》，提出了中华民族目前最重大的任务，就是："巩固国内团结，保证国内和平，实现民主，改善民生，以便在和平民主团结的基础上，实现全国的统一，建立独立自由与富强的新中国"，向全国人民及时指明了奋斗方向。

在一浪高过一浪的国内和平呼声中，先是有了国共两党的重庆谈判和《双十协定》的签订。紧接着，政治协商会议也在重庆开幕，一时间，似乎和平的希望越来越大。其时，陕甘宁边区军民一方面大力声援国统区的爱国民主运动；一方面进行第三次普选，召开第三届边区参议会，制定《陕甘宁边区宪法原则》，以实际行动争取"和平民主建设的新阶段"的到来。同时边区政府开始精简压缩战时行政机构，复员裁减部队人数，开展查租保佃斗争，致力于抗灾救荒和发展生产。

然而，时隔不久，国民党反动派便悍然发动了大规模的内战，妄图"在三至五个月内解决中共问题"。在中国共产党的领导下，各解放区军民奋起迎战。经过8个月（1946年6月至1947年2月）的较量，蒋介石以损兵71万人的惨重代价，换取了解放区的105座城市，从而也就给自己背上了105个大包袱，国民党的"全面进攻"宣告失败。继之，蒋介石又发动了对陕甘宁边区和山东解放区的所谓"重点进攻"。1947年2月中旬，蒋介石把他的得意门生胡宗南召到南京面授机宜，督促实施1946年5月胡精心拟定的所谓"犁庭扫穴"的《攻略陕北作战计划》，企图以优势兵力直捣延安，一举荡平边区，消灭中共中央。3月19日，胡宗南的20余万大军在遭到6天6夜的阻击杀伤后，才胆战心惊地踏进了延安空城。国民党新闻机构立刻大肆宣扬"胜利"。胡宗南骄妄地到处宣称，中共已"不堪一击"。蒋介石则致电称，"时阅捷报，无任欣慰！"并大谈什么共军首脑部"无所寄托，只能随处流窜"，"绝对不能建立中心力量了"，将来"共产党人不是被消灭，就是被驱往僻远的内地去"。

殊不知，毛泽东、周恩来、任弼时等中共领导人以前无古人的卓越胆识，率领中央前委和人民解放军总部机关辗转 2000 余里，在陕北 12 个县 38 个村庄的农家窑洞里，指挥着各解放区的千军万马与敌鏖战，并直接指挥着西北野战军与敌人在千沟万壑中"蘑菇"周旋。一年之内，经过青化砭、羊马河、蟠龙、陇东三边、榆林、沙家店、延清、宜瓦诸战役的沉重打击，胡宗南等损兵 10 万，不得不在 1948 年 4 月丧魂落魄地逃出边区。22 日，延安光复，敌人的"重点进攻"以"人地皆失"的悲惨结局收场。在这艰辛困难的一年里，边区人民却创造了奇迹：共有 6.4 万名青壮年参加了正规军队、各分区及地方武装或者游击队；组成了 2.16 万副随军担架和临时担架；有 5500 头牲口随军运输；供应部队粮食 7880 万斤，草秣 1 亿多斤，军鞋 15 万双；培训了 1500 名后方医院的护士。边区人民在人力、物力上作出的巨大贡献，是赢得战争胜利的重要保证。

1948 年 3 月 23 日，毛泽东率中央前委和解放军总部机关告别陕北，前往河北省平山县西柏坡村。临行前，毛泽东那依依不舍的目光，曾令陕北几代人铭刻在心；那"陕北是个好地方"的深情呼唤，依然在历史的长河上空回荡。此后，5 月底，边区政府与西北局由绥德迁回延安，领导边区人民医治战争创伤，恢复经济建设，继续大力支援前线。有了边区人民的坚强后盾，彭德怀指挥的西北野战军（后改为第一野战军）越战越勇，终于在 1949 年 5 月 20 日解放了西安，继续西进甘肃、青海，一路"向新疆进军"。6 月 14 日，边区政府移驻西安。

1949 年 10 月 1 日，中华人民共和国宣告成立，中国人民从此站立起来了。喜讯传来，白山黑水，大河上下，江淮两岸，万众欢腾。从 9 月 21 日到 10 月初，边区人民沉浸在庆贺这一伟大历史事件的狂潮中，到处是锣鼓喧天，到处是五星红旗飘扬，到处是欢声笑语。9 月 30 日，陕甘宁边区政府以主席林伯渠、代主席刘景范和副主席杨明轩的名义致电北京，祝贺中央人民政府成立。在此前后，陕北工、青、妇群众团体、西北局、西北军区、第一野战军、陕北区党委、陕北行政公署、陕北军区等单位纷纷向毛泽东和中央人民政府及中共中央等发电致函，庆贺中华人民共和国的诞生和全国政协第一届一次会议的召开，借以表达自己的崇高敬意和美好祝愿。毛泽东在百忙之中，于 10 月 26 日复电延安和边区人民。

　　延安的同志们和陕甘宁边区的同胞们：

　　接到你们的贺函，使我十分愉快和感谢。延安和陕甘宁边区，从一九三六年到一九四八年，曾经是中共中央的所在地，曾经是中国人民解放斗争的总后方。延安和陕甘宁边区的人民对于全国人民是有伟大贡献的。我庆祝延安和陕甘宁边区的人民继续团结一致，迅速恢复战争的创伤，发展经济建设和文化建设。我并且希望，全国一切革命工作人员永远保持过去十余年间在延安和陕甘宁边区的工作人员中所具有的艰苦奋斗的作风。

毛泽东复电在陕北《群众日报》上刊载后，延安和边区各界人民深受鼓舞，纷纷以各种形式进行庆贺、学习。11月9日，《群众日报》发表题为《遵循毛主席指示，进一步建设陕北》的社论，要求把复电"广泛、深入地贯彻到陕北的每个角落，使我们全陕北的人民把这一电文作为今后努力的方向"。这样，复电成了振奋边区人民精神，促进经济文教进一步发展，以实际行动迎接全国解放的强大动力。

在复电精神的指引下，边区人民一如既往地"完全"、"彻底"、"忘我"地支援前线，为解放大西北和大西南作出了巨大贡献。同时，在恢复生产和建立巩固政权、进行土改剿匪等工作中，也取得了骄人的成绩。到1950年初，全国绝大部分地区已获得了解放，西北地区的陕、甘、宁、青、新5省的省级人民政府也已相继成立。根据中央人民政府的命令和党中央及毛主席建立大行政区军政委员会的指示，1950年1月19日，西北军政委员会在西安宣告成立，由彭德怀任主席，习仲勋、张治中、马明方（后增）任副主席，统一领导西北5省及西安市的政权工作。随后，西北军政委员会第一次全体会议向陕甘宁边区全体人民发出了致敬电，高度评价了边区人民的历史功绩。

陕甘宁边区政府至此圆满完成了自己的历史使命，宣告结束。

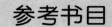

参考书目

1. 雷云峰著《陕甘宁边区史》，西安地图出版社，1994。

2. 《陕甘宁边区抗日民主根据地·文献卷》（上、下），中央党史资料出版社，1990。

3. 《陕甘宁边区抗日民主根据地·回忆录卷》，中央党史资料出版社，1990。

4. 《陕甘宁边区参议会（资料选辑)》，中共中央党校科研办公室，1985。

5. 《中国共产党的延安时期》，陕西人民出版社，1993。

6. 李普著《我们的民主传统》，新华出版社，1980。

7. 杨永华著《陕甘宁边区法制史稿（宪法、政权组织法篇)》，陕西人民出版社，1992。

8. 李云峰、苏若望、李祥瑞著《南区合作社史话》，陕西人民出版社，1992。

9. 金城著《延安交际处回忆录》，中国青年出版社，1986。

10. 《中外记者团和美军观察组在延安》，陕西人民出版社，1995。

《中国史话》总目录

系列名	序号	书名	作者	
物化历史系列（28种）	25	陵寝史话	刘庆柱	李毓芳
	26	敦煌史话	杨宝玉	
	27	孔庙史话	曲英杰	
	28	甲骨文史话	张利军	
	29	金文史话	杜勇	周宝宏
	30	石器史话	李宗山	
	31	石刻史话	赵超	
	32	古玉史话	卢兆荫	
	33	青铜器史话	曹淑芹	殷玮璋
	34	简牍史话	王子今	赵宠亮
	35	陶瓷史话	谢端琚	马文宽
	36	玻璃器史话	安家瑶	
	37	家具史话	李宗山	
	38	文房四宝史话	李雪梅	安久亮
制度、名物与史事沿革系列（20种）	39	中国早期国家史话	王和	
	40	中华民族史话	陈琳国	陈群
	41	官制史话	谢保成	
	42	宰相史话	刘晖春	
	43	监察史话	王正	
	44	科举史话	李尚英	
	45	状元史话	宋元强	
	46	学校史话	樊克政	
	47	书院史话	樊克政	
	48	赋役制度史话	徐东升	

系列名	序号	书名	作者		
制度、名物与史事沿革系列（20种）	49	军制史话	刘昭祥	土晓卫	
	50	兵器史话	杨毅	杨泓	
	51	名战史话	黄朴民		
	52	屯田史话	张印栋		
	53	商业史话	吴慧		
	54	货币史话	刘精诚	李祖德	
	55	宫廷政治史话	任士英		
	56	变法史话	王子今		
	57	和亲史话	宋超		
	58	海疆开发史话	安京		
交通与交流系列（13种）	59	丝绸之路史话	孟凡人		
	60	海上丝路史话	杜瑜		
	61	漕运史话	江太新	苏金玉	
	62	驿道史话	王子今		
	63	旅行史话	黄石林		
	64	航海史话	王杰	李宝民	王莉
	65	交通工具史话	郑若葵		
	66	中西交流史话	张国刚		
	67	满汉文化交流史话	定宜庄		
	68	汉藏文化交流史话	刘忠		
	69	蒙藏文化交流史话	丁守璞	杨恩洪	
	70	中日文化交流史话	冯佐哲		
	71	中国阿拉伯文化交流史话	宋岘		

系列名	序号	书 名	作 者
思想学术系列（21种）	72	文明起源史话	杜金鹏　焦天龙
	73	汉字史话	郭小武
	74	天文学史话	冯　时
	75	地理学史话	杜　瑜
	76	儒家史话	孙开泰
	77	法家史话	孙开泰
	78	兵家史话	王晓卫
	79	玄学史话	张齐明
	80	道教史话	王　卡
	81	佛教史话	魏道儒
	82	中国基督教史话	王美秀
	83	民间信仰史话	侯　杰
	84	训诂学史话	周信炎
	85	帛书史话	陈松长
	86	四书五经史话	黄鸿春
	87	史学史话	谢保成
	88	哲学史话	谷　方
	89	方志史话	卫家雄
	90	考古学史话	朱乃诚
	91	物理学史话	王　冰
	92	地图史话	朱玲玲

系列名	序号	书名	作者
文学艺术系列（8种）	93	书法史话	朱守道
	94	绘画史话	李福顺
	95	诗歌史话	陶文鹏
	96	散文史话	郑永晓
	97	音韵史话	张惠英
	98	戏曲史话	王卫民
	99	小说史话	周中明　吴家荣
	100	杂技史话	崔乐泉
社会风俗系列（13种）	101	宗族史话	冯尔康　阎爱民
	102	家庭史话	张国刚
	103	婚姻史话	张　涛　项永琴
	104	礼俗史话	王贵民
	105	节俗史话	韩养民　郭兴文
	106	饮食史话	王仁湘
	107	饮茶史话	王仁湘　杨焕新
	108	饮酒史话	袁立泽
	109	服饰史话	赵连赏
	110	体育史话	崔乐泉
	111	养生史话	罗时铭
	112	收藏史话	李雪梅
	113	丧葬史话	张捷夫

系列名	序号	书名	作者	
近代政治史系列（28种）	114	鸦片战争史话	朱谐汉	
	115	太平天国史话	张远鹏	
	116	洋务运动史话	丁贤俊	
	117	甲午战争史话	寇伟	
	118	戊戌维新运动史话	刘悦斌	
	119	义和团史话	卞修跃	
	120	辛亥革命史话	张海鹏	邓红洲
	121	五四运动史话	常丕军	
	122	北洋政府史话	潘荣	魏又行
	123	国民政府史话	郑则民	
	124	十年内战史话	贾维	
	125	中华苏维埃史话	杨丽琼	刘强
	126	西安事变史话	李义彬	
	127	抗日战争史话	荣维木	
	128	陕甘宁边区政府史话	刘东社	刘全娥
	129	解放战争史话	朱宗震	汪朝光
	130	革命根据地史话	马洪武	王明生
	131	中国人民解放军史话	荣维木	
	132	宪政史话	徐辉琪	付建成
	133	工人运动史话	唐玉良	高爱娣
	134	农民运动史话	方之光	龚云
	135	青年运动史话	郭贵儒	
	136	妇女运动史话	刘红	刘光永
	137	土地改革史话	董志凯	陈廷煊
	138	买办史话	潘君祥	顾柏荣
	139	四大家族史话	江绍贞	
	140	汪伪政权史话	闻少华	
	141	伪满洲国史话	齐福霖	

系列名	序号	书　名	作　者
近代经济生活系列（17种）	142	人口史话	姜　涛
	143	禁烟史话	王宏斌
	144	海关史话	陈霞飞　蔡渭洲
	145	铁路史话	龚　云
	146	矿业史话	纪　辛
	147	航运史话	张后铨
	148	邮政史话	修晓波
	149	金融史话	陈争平
	150	通货膨胀史话	郑起东
	151	外债史话	陈争平
	152	商会史话	虞和平
	153	农业改进史话	章　楷
	154	民族工业发展史话	徐建生
	155	灾荒史话	刘仰东　夏明方
	156	流民史话	池子华
	157	秘密社会史话	刘才赋
	158	旗人史话	刘小萌
近代中外关系系列（13种）	159	西洋器物传入中国史话	隋元芬
	160	中外不平等条约史话	李育民
	161	开埠史话	杜　语
	162	教案史话	夏春涛
	163	中英关系史话	孙　庆

系列名	序号	书 名	作 者	
近代中外关系系列（13种）	164	中法关系史话	葛夫平	
	165	中德关系史话	杜继东	
	166	中日关系史话	王建朗	
	167	中美关系史话	陶文钊	
	168	中俄关系史话	薛衔天	
	169	中苏关系史话	黄纪莲	
	170	华侨史话	陈 民	任贵祥
	171	华工史话	董丛林	
近代精神文化系列（18种）	172	政治思想史话	朱志敏	
	173	伦理道德史话	马 勇	
	174	启蒙思潮史话	彭平一	
	175	三民主义史话	贺 渊	
	176	社会主义思潮史话	张 武	张艳国 喻承久
	177	无政府主义思潮史话	汤庭芬	
	178	教育史话	朱从兵	
	179	大学史话	金以林	
	180	留学史话	刘志强	张学继
	181	法制史话	李 力	
	182	报刊史话	李仲明	
	183	出版史话	刘俐娜	
	184	科学技术史话	姜 超	

系列名	序号	书名	作者
近代精神文化系列（18种）	185	翻译史话	王晓丹
	186	美术史话	龚产兴
	187	音乐史话	梁茂春
	188	电影史话	孙立峰
	189	话剧史话	梁淑安
近代区域文化系列（11种）	190	北京史话	果鸿孝
	191	上海史话	马学强　宋钻友
	192	天津史话	罗澍伟
	193	广州史话	张　苹　张　磊
	194	武汉史话	皮明庥　郑自来
	195	重庆史话	隗瀛涛　沈松平
	196	新疆史话	王建民
	197	西藏史话	徐志民
	198	香港史话	刘蜀永
	199	澳门史话	邓开颂　陆晓敏　杨仁飞
	200	台湾史话	程朝云

《中国史话》主要编辑
出版发行人

总 策 划	谢寿光	王 正	
执行策划	杨 群	徐思彦	宋月华
	梁艳玲	刘晖春	张国春
统 筹	黄 丹	宋淑洁	
设计总监	孙元明		
市场推广	蔡继辉	刘德顺	李丽丽
责任印制	岳 阳